CONEXIÓN FEPAL

Blucher

CONEXIÓN FEPAL

Organizadora

Adriana Pontelli

Conexión Fepal
© 2024 Adriana Pontelli (organizadora)
Editora Edgard Blücher Ltda.

Série Fepal: psicoanálisis latinamericano
Coordinadora científica Marina Massi

Publisher Edgard Blücher
Editor Eduardo Blücher
Coordinación editorial Rafael Fulanetti
Coordinación de producción Andressa Lira
Producción editorial Quirino Edições
Composición Joyce Gama Rosa
Revisión de texto Maurício Katayama
Tapa Laércio Flenic
Colaboración Leo Mangiavacchi (diseñador – Fepal)
Arte Adriano Mangiavacchi (14/05/1941), *Memoria urbana* n°16 (1994), 90 x 90 cm, Técnica Mixta

Blucher

Rua Pedroso Alvarenga, 1245, 4º piso
04531-934 – São Paulo – SP – Brasil
Tel.: 55 11 3078-5366
contato@blucher.com.br
www.blucher.com.br

Datos de catalogación en publicación internacional (CIP)
Angélica Ilacqua CRB-8/7057

Conexión Fepal / organizado por Adriana Pontelli. - São Paulo : Blucher, 2024.
256 p. (Serie Fepal / coordenadora Marina Massi)

Bibliografía
ISBN 978-85-212-2237-8

1. Psicoanálisis 2. Racismo 3. Sexualidad 4. Migración I. Pontelli, Adriana II. Massi, Marina III. Federação Psicanalítica da América Latina IV. Serie
24-4072 CDD 150.195

Las puntuaciones de catálogo sistemático:
1. Psicoanálisis

Sobre la serie

El proyecto de la Serie Fepal es fruto de mis dos años de trabajo como Coordinadora Científica de la propia Fepal, durante la gestión 2022-2024, presidida por Wania Maria Coelho Ferreira Cidade.

La integración de los colegas y la producción latinoamericana fueron algunos de los marcos orientadores de las actividades del equipo de la Coordinación Científica. Son puntos de encuentro en el *trabajo colectivo* que potencia y abre horizontes para una producción viva y creativa, capaz de enriquecer teórica, técnica y clínicamente el psicoanálisis.

En el programa inicial de la Coordinación Científica de la Fepal (2022-2024), uno de los objetivos principales era la función articuladora y agregadora entre las diversas áreas de la institución. Ello, al promover un diálogo permanente entre sus miembros y entre los diversos proyectos que venían siendo realizados y los que se iniciaron en nuestra gestión.

El objetivo era de integración, respetando la creatividad, la diversidad y la autonomía, en el ámbito interno de las comisiones de trabajo vinculadas con la Coordinación Científica. A saber, Comisión de Formación y Transmisión del Psicoanálisis, Comisión de Investigación, Comisión de Pareja y Familia, Comisión de *Working Parties* y el Grupo de Estudios de Psicosomática.

De este modo, la Serie Fepal nace, más allá de las comisiones de Coordinación Científica, de la integración y asociación con otras direcciones. Asimismo, pretende ser un vehículo de expresión y difusión de los trabajos producidos en el marco de la propia institución.

Los primeros cinco libros de la Serie Fepal están impregnados con la historia del trabajo y la dedicación de numerosos colegas psicoanalistas. Estos profesionales se han comprometido en una comprensión más profunda de los problemas de desamparo, así como de las cuestiones étnicas, sociales, de género y ambientales en nuestro continente.

Compartimos la necesidad, como psicoanalistas, de conocer el mundo al que pertenecemos. Solo así podemos colaborar de manera más encarnada con nuestros pacientes, parejas, familias, y con el trabajo en instituciones, comunidades y grupos, desarrollando la escucha analítica que es nuestro oficio y arte.

Mi profundo agradecimiento a todos los que hicieron posible la realización de este proyecto editorial

Marina Massi
Coordinadora científica de la Serie Fepal

Contenido

Perspectivas

Intersecciones

Conversaciones

Marcadores de Calibán

Conexión Fepal #31 – Diversas configuraciones sexuales y de género

CONEXIÓN

FEPAL

Introducción

Conexión Fepal 2023 se fue gestando desde la Dirección de Publicaciones (gestión 2022–2024) como un proyecto editorial virtual, a partir de un boletín informativo ya existente y con el mismo nombre, que decidimos conservar, continuando la numeración, aun cuando esta publicación fue tomando un rumbo diferente del que tenía en las dos gestiones anteriores.

En la ardua tarea de difundir novedades de próximos eventos, como así también proyectos y actividades realizados por las diferentes áreas de Fepal, nos encontramos con situaciones que ameritaban ser recuperadas de la velocidad y fugacidad propias de las noticias, a fin de darles un espacio y un tiempo necesarios para pensarlas. El desafío editorial fue plantear una conexión con los acontecimientos políticos, sociales y culturales, propiciando su lectura desde el psicoanálisis.

Así, los hechos ocurridos en Perú, a fines del 2022, y en Brasil, el 8 de enero del 2023, nos impulsaron a proponer para la primera revista el título *Democracias latinoamericanas amenazadas*. Coincidentemente la edición especial de diciembre 2023, titulada *Reflexiones sobre la Paz*, también estuvo atravesada por hechos de violencia, en esa oportunidad, por los ataques terroristas de Hamas a la población civil israelí en octubre de ese año, y por la consecuente respuesta de este gobierno. En marzo del mismo año publicamos *Mujeres*, ofreciendo algunas reflexiones en una época fuertemente marcada por las luchas de ellas. Con la misma lógica de dar relevancia a fenómenos sociales y políticos actuales, que conllevan un importante sufrimiento individual y colectivo, salieron a la luz los números *"Migraciones"*, *"Racismo"* y *"Diversas configuraciones sexuales y de género"* – en consonancia con los ejes propuestos por la Coordinación Científica de esta gestión.

Los textos de cada *Conexión Fepal* son breves ensayos que por su desarrollo conciso apuntan a hacer foco en una idea clave o en un interrogante, con la finalidad de abrir una cuestión, instalar un debate sobre un tema y convocar el deseo de seguir indagando. En la sección principal *Perspectivas* hemos reunido diferentes puntos de vistas de psicoanalistas pertenecientes a las tres regiones de Fepal: norte, centro y sur. Para favorecer una genuina reflexión, consideramos fundamental la circulación de pensamientos diferentes, no solo proveniente del ámbito del psicoanálisis sino también de otros campos del saber. Por eso nos pareció oportuno crear la sección *Intersecciones,* a fin de difundir algunos aportes de autores de otras disciplinas, tales como la filosofía, la literatura, la antropología, la comunicación social y el arte visual. Esta última especialidad ha estado presente en la tapa de cada número, donde hemos colocado la obra de diferentes artistas visuales de Latinoamérica. Hemos elegido estas creaciones, como un contenido más que dialoga con las producciones escritas de los otros autores.

Conversaciones es un apartado, donde se produce un viraje de la lectura a la escucha. En efecto, allí publicamos, en formato de video, entrevistas realizadas a los integrantes de la actual Comisión Directiva de Fepal, quienes en un diálogo íntimo presentan su trayectoria profesional e institucional como así también las líneas de trabajo en su rol y su función.

Como la idea de este proyecto editorial es proponer un tema y ponerlo a trabajar, acercando ideas y preguntas de referentes del psicoanálisis latinoamericano, se nos ocurrió además que podríamos sugerir algunas lecturas. De allí surgió la sección *Marcadores de Calibán*, donde el equipo editor de esta Revista Latinoamericana de Psicoanálisis presenta un exhaustivo rastreo de todas las ediciones de Calibán, señalando aquellos artículos vinculados con el tema abordado en cada número.

Conexión Fepal 2023 fue un proyecto editorial nacido del deseo del Equipo de Publicaciones de llevar adelante una función que está en su nombre, esto es, publicar, no solo como una instancia de divulgación de noticias, sino también como un ámbito de producción de contenidos para la transmisión del psicoanálisis.

Me parece importante mencionar el entusiasmo de los integrantes de este equipo, que sostuvo este deseo inicial a lo largo del tiempo. Pero esta revista no hubiera sido posible sin el valioso aporte de los autores y la generosa colaboración de los artistas. Por eso mi gratitud a cada uno de ellos. Además, quiero reconocer el cuidadoso trabajo de traducción y corrección de Walter Eduardo Lisboa, y la creatividad plasmada en la diagramación y en los diseños de Leo Mangiavacchi. Finalmente agradezco a Marina Massi, la Coordinadora Científica de Fepal, por la tarea compartida de articulación teórica y por hacer posible que esta serie de revistas, diseñadas en formato digital, puedan materializarse en soporte papel y circular como un objeto-libro.

Adriana Pontelli

Directora de Publicaciones de Fepal (2022-2024)

—CONEXIÓN—

FEPAL

#27

Enero 2023

DEMOCRACIAS LATINOAMERICANAS AMENAZADAS

Imagen de portada Postos Opostos #1, de Cadeh Juagaba* (fotografía año 2021)

* *Cadeh Juagaba es Artista Visual y Licenciado en Publicidad nacido en Fortaleza, Brasil. La escultura, la pintura y la fotografía son los lenguajes elegidos por este autor para indagar las relaciones de los símbolos nacionales con la identidad, la pertenencia y la memoria. Su exposición "No saben las armas que tienen" en el año 2019 llegó a Lisboa. Además, su trabajo reiteradas veces fue portada de la revista* O Povo.

EDITORIAL

1. Democracias vulneradas

Adriana Pontelli

El nuevo año nos encontró con el ánimo sacudido por los complejos acontecimientos políticos y sociales que vienen azotando a algunos países latinoamericanos; simultáneamente, en el Equipo de Publicaciones de Fepal fue madurando el deseo – no sin una cuota importante de audacia – de transformar el boletín informativo *Conexión Fepal* en un proyecto editorial virtual. Esta convergencia de circunstancias nos llevó a proponer una publicación como un espacio de circulación de ideas, que brindaran la posibilidad de atravesar la indignación como ciudadanos y salir de la perplejidad, para pensar desde el psicoanálisis las dinámicas que se repiten en estos fenómenos sociales. Por este motivo elegimos para el primer número el título *Democracias latinoamericanas amenazadas*, en sintonía con la Declaración de la IPA: *Ataques brutales a la democracia en todo el mundo.*

En la tapa, la obra *Postos Opostos #1*, de Cadeh Juagaba, acompaña el espíritu de esta edición. Por medio de esta fotografía, el artista visual brasilero manifiesta su intención de cuestionar y provocar reflexiones. La composición de banderas hechas de latón, como lienzos que ondulan hacia direcciones opuestas, representa la polaridad, uno de los síntomas sociales que padece su país.

Tres psicoanalistas de – Brasil, Perú y Colombia – fueron invitados a escribir en la sección *Perspectivas*, para compartir de esta manera sus puntos de vistas sobre los conflictos políticos y sociales de sus países. En una detallada crónica titulada *La nube del golpe*, Ana Valeska Maia Magalhães comenta los acontecimientos ocurridos el 8 de enero en Brasilia, cuando miles de bolsonaristas, que rechazaban los resultados de las elecciones presidenciales, invadieron la Praga dos Tres Poderes. La autora analiza cómo "el portavoz del delirio negacionista se presenta como un padre ungido por lo divino, que no teme a la ley. Y los hijos, empoderados por el sello de la autoridad paranoide, se distancian de la realidad, creyendo que pueden todo". Desde otra región sudamericana, la psicoanalista peruana María Luisa Silva se hace eco de los malestares vividos en su país. En su artículo *Democracia a la deriva* señala que "una severa crisis – donde el desgobierno, el tribalismo, el fanatismo del pensamiento único y el ataque a la alteridad dominan el escenario social y político – nos ubica no solo ante una democracia amenazada, sino ante la imposibilidad siquiera de sentirnos compatriotas". El denominador común de estas crisis mencionadas por las autoras es la desestabilización de un orden constitucional. Sin embargo, en el corazón mismo de este sistema de gobierno, también pueden permanecer estables y naturalizarse las violencias de una desigualdad social formalizada. Así nos lo advierte Fernando Orduz al comentar la situación de Colombia en su artículo *Democracias latinoamericanas amenazadas*. "Bajo el manto de la denominada democracia más vieja del continente, se encubre una dinámica social basada en un feroz fratricidio que no cesa en su horripilante derramamiento de sangre".

La actual Presidenta de Fepal, Wania Cidade, inaugura la sección *Conversaciones*. En un diálogo ameno con Ximena Méndez, ella reflexiona sobre los dramáticos momentos que vive Latinoamérica a causa de la escalada de violencia debido a las desigualdades propiciadas por el autoritarismo de los gobiernos. La entrevistada propone que las instituciones psicoanalíticas ofrezcan oportunidades de formación a quienes no cuentan con recursos económicos.

Deseamos que esta iniciativa sea provechosa para cada uno de nuestros lectores.

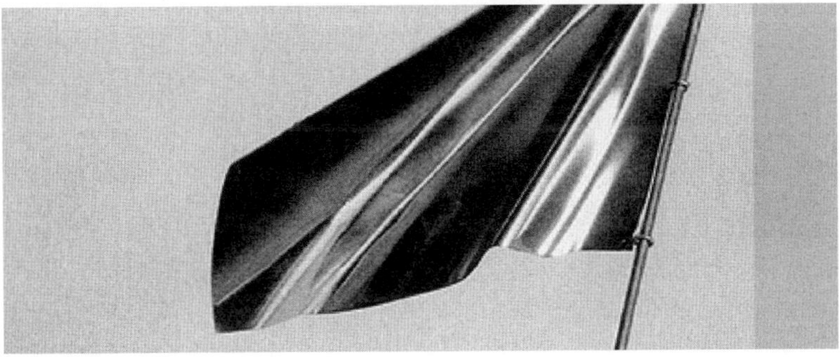

PERSPECTIVAS

2. La nube del golpe

Ana Valeska Maia Magalhães

La previsión meteorológica para el domingo 8 de enero de 2023, en Brasilia, anunciaba que el día estaría nublado.

De hecho, la paleta del cielo amaneció gris plomizo. Pero el peso del tiempo se hizo evidente por la tarde, cuando resueltamente miles de bolsonaristas invadieron la Praga dos Tres Poderes. Vistos desde lejos, sus pequeños cuerpos teñían el espacio de verde y amarillo. Rápidamente ocuparon rampas y techos, ensuciando la icónica arquitectura de Oscar Niemeyer. Como una nube de langostas que ataca vorazmente una cosecha, los vándalos se desplazaron al interior de los edificios del Palácio do Planalto, el Congreso Nacional y el Supremo Tribunal Federal para destruir todo lo que encontraban: derribaron puertas, rompieron ventanas, despedazaron objetos históricos, apuñalaron cuadros, grafitearon esculturas y destrozaron documentos. Ni siquiera el escudo de la República escapó a la violencia de la turba. El objetivo era materializar el plan golpista de destituir el poder recién establecido por las normas democráticas e instaurar una dictadura en el país.

Puede parecer inverosímil, pero el caos tiene sus estrategias. Hoy en día, la mente caótica domina un lenguaje altamente funcional de algoritmos y se organiza con el dominio de las herramientas tecnológicas de la era digital, alimentando burbujas conspirativas rellenas de mentiras. Psíquicamente, el llamado llega al núcleo de las fragilidades cartografiadas. Un escenario de amenaza constante es engendrado en el subsuelo de las nubes en Internet. El portavoz del delirio negacionista se presenta como un padre ungido por lo divino, que no teme a la ley. Y los hijos, empoderados por el sello de la autoridad paranoide, se distancian de la realidad, creyendo que pueden todo.

Aceptar el resultado de las elecciones es lo que se espera en el pacto civilizatorio. Negar la derrota es socavar la posibilidad de la convivencia democrática. Este desafío de sostener la democracia se hace urgente, sobre todo en las frágiles democracias de América Latina, forjadas en lo que persiste de resabio colonialista, jerárquico y racista. En Brasil, la Constitución Federal consagra la dignidad de la persona humana y el pluralismo político, y pretende promover el bien de todos, teniendo como una de sus metas la erradicación de la pobreza y la marginación. Dentro del historial de injusticias sociales que nos marcaron como pueblo, la concreción de estos objetivos exige una serie de cambios estructurales que no se producirán sin la maduración de una sociedad que asuma la responsabilidad de mantener la verdad, que honre su memoria y que se esfuerce por promover una reparación. Ser firme en el respeto a las leyes es la condición misma de garantía de lo contradictorio y de la justicia social.

El antiguo reloj que trajo Dom Joao VI, cuando la familia real portuguesa desembarcó en Brasil a principios del siglo XIX, fue convertido en carcasa durante la invasión de Brasilia. Simbólicamente, este acto plantea lo siguiente: ¿era la intención de los vándalos detener el tiempo? ¿Volver a una época sin garantías de inclusión social?

Que el arte sea uno de los blancos predilectos de la depredación cultural, de quienes no soportan convivir con la diversidad, tal vez tenga que ver con las posibilidades de lectura que aporta lo que nos atraviesa. Por ejemplo, en 2019, también en Brasilia, un grupo agitaba banderas del Imperio. El anacronismo de la escena que clamaba el regreso del rey llamó la atención del artista Cadeh Juagaba, quien desde hace algunos años desarrolla en sus obras un cuestionamiento crítico sobre el uso y apropiación de los símbolos oficiales, tal como los bolsonaristas hicieron con los colores y la bandera de nuestro país. La imagen de la obra del artista "Postos Opostos", de 2021, dialoga con los textos de esta edición de Conexión Fepal.

El golpe del 8 de enero fracasó, pero lo que alimenta el fantasma del golpe sigue rondándonos. Por estas y otras razones, la implicación de los psicoanalistas en las cuestiones sociopolíticas es urgente. Ante la pesada nube que se ha formado, serán necesarias acciones continuas en favor del fortalecimiento democrático. La luz de un futuro común multicultural y multiespecie, con sustentabilidad planetaria y estabilidad democrática, necesita nuevas percepciones y acciones. Desaprender fórmulas gastadas, reinventar la vida, reaprender de la sabiduría de los pueblos ancestrales de América Latina. Queda mucho por hacer, por resignificar, por volver a soñar.

3. Democracia a la deriva

María Luisa Silva

Comunicar con cierta claridad acerca de lo que se está viviendo en el Perú me parece una tarea sumamente difícil. La situación es en extremo caótica y confusa por la multiplicidad de factores que intervienen. El detonante fue el intento fallido de golpe y la destitución del expresidente Pedro Castillo. Como reacción, una población enardecida que, desconociendo este intento golpista, responsabiliza a las maniobras del Congreso de la República y a la sucesora Dina Boluarte por lo que consideran un injusto arrebatamiento del poder de quien fuera el presidente que por primera vez los representaba.

A partir de ahí, la ola de violencia se desata y una serie de estallidos desarticulados de marchas y bloqueos van confundiéndose por todo el país, aglomerando a justas reivindicaciones, oportunismos políticos, poderes económicos legales e ilegales, vandalismo delincuencial, entre otros. La respuesta peligrosamente errada del gobierno es el uso de más violencia indiscriminada, que, por tratar de neutralizar a los manifestantes "con mano dura", mata ciegamente a más de 50 ciudadanos. El nuevo gobierno demuestra así su incapacidad de mantenerse dentro de los límites de la institucionalidad y su sordera para escuchar las demandas de una población largamente olvidada. De esta manera, la violencia escala y se extiende a la población en todos los ámbitos de la vida social, a través de actitudes confrontativas y polarizadas que impiden por completo el diálogo entre peruanos.

¿Cómo dialogar, si la discriminación, el racismo y la intolerancia por lo diferente emergen con gran crudeza en estos tiempos de turbulencia? Una severa crisis – donde el desgobierno, el tribalismo, el fanatismo del pensamiento único y el ataque a la alteridad dominan el escenario social y político nos ubica no solo ante una democracia amenazada, sino ante la imposibilidad siquiera de sentirnos compatriotas.

Lamentablemente, ya no nos sorprenden estos ciclos de inestabilidad y violencia en un país donde las reglas de la institucionalidad democrática están a la deriva y son constantemente burladas. Crisis y detonantes políticos actuales o de mediana data, pero que nos remiten a fisuras atávicas desde la fundación de nuestro país.

Ojalá podamos valernos de esta convulsionada experiencia para empezar a elaborarla verdaderamente. Una elaboración que tendría que apuntar hacia la indispensable recuperación de la confianza en la institucionalidad, con un gobierno que escuche con atención y empatía los reclamos de los que se sienten postergados.

4. Democracias latinoamericanas amenazadas

Fernando Orduz

Mi nación se engalana frente al espejo de los ideales democráticos con la convicción de haber sostenido sin fractura el orden inmaculado de dicho sistema desde hace 65 años.

En ocasiones, los conceptos sirven de pantallas encubridoras que no permiten observar lo que se moviliza tras la superficie maquillada. Bajo el manto de la denominada democracia más vieja del continente, se encubre una dinámica social basada en un feroz fratricidio que no cesa en su horripilante derramamiento de sangre. Durante estas décadas democráticas, el genocidio acabó con la vida de aproximadamente 200 mil civiles, 70 mil siguen registrados como desaparecidos, cerca de 40 mil ciudadanos estuvieron secuestrados, 15 mil fueron víctimas de violencia sexual, 4000 inocentes víctimas de las minas antipersonales, 8 millones se desplazaron dentro del territorio.

Al interior de esta bella democracia cada quien se siente representante de la ley y, en nombre de la verdad con la que cada ciudadano se identifica, impartimos justicia por mano y arma propias; porque la representante de Temis en nuestro territorio es ciega, sorda, muda y tetrapléjica. Al contrario de los prepotentes representantes de Ares, que orgullosamente ostentan sus símbolos fálicos, ya que solo con su fuego hemos podido salvar la democracia.

El que habita en la otra orilla de nuestros ideales es visto como un bárbaro violento que desconoce el lenguaje democrático tan solo encarnado por el "nosotros". El bruto siempre será el otro, el que no es mi semejante.

Pero ojalá se tratara de la otra orilla. La arquitectura social de nuestro estado democrático ha dividido al país en seis estratos: el de la plebe, llena de indios resentidos y negros vagos, se estigmatiza con el número 1; de ahí en adelante ascendemos hasta llegar al vértice de la pirámide marcado con el número 6, el de la gente bien, usualmente de pálida tez. La desigualdad social está formalizada y creó fronteras visibles e invisibles.

Cada cuatro años la fiesta democrática – como se le denomina en mi país al ritual de elegir al Mesías de turno – opera como fetiche encubridor, que nos impide ver la polimorfa perversa poliarquía de pequeñas elites o mafias, que sólo buscan solventar el apetito de poder de sus intereses monetarios. Si a los indicadores de la economía les va bien eso quiere decir que a nuestra democracia le va igual.

Si el autócrata elegido refleja nuestros ideales, lo alabamos; si no, lo denostamos.

MANIFIESTO

5. Declaración de IPA: brutales ataques a la democracia en todo el mundo

La IPA (International Psychoanalytical Association) está alarmada por las diversas manifestaciones de ataques brutales contra la democracia en todo el mundo. Recientemente, en Brasil, Perú e Israel, las instituciones y los símbolos fundamentales de los Estados que garantizan la democracia (como el Tribunal Supremo y el Parlamento) están siendo violentamente dañados o manipulados a través de tres modos principales: el vandalismo y el crimen; una explotación cínica de los canales legítimos de la democracia; y un sofisticado control de las redes sociales, a través del cual las noticias falsas adquieren exactamente la misma forma que las noticias genuinas, y las falsas narrativas y confabulaciones están pervirtiendo y distorsionando nuestro sentido de la verdad. Estos modos de ataque violento a la democracia se están produciendo en todo el mundo.

Vivimos tiempos aterradores caracterizados por un estallido de ataques violentos contra la democracia y contra la virtud de la verdad. Los gobiernos y los grupos políticos han perdido toda responsabilidad sobre los derechos humanos y los valores morales. También han perdido cualquier signo de vergüenza y culpabilidad que son fundamentales para el juicio moral y la posición ética. Una extraña sensación de profunda confusión y caos se extiende por todas partes.

Desde un punto de vista psicoanalítico, un desarrollo psíquico sano y una personalidad madura se caracterizan por la tolerancia a la alteridad y la contención de las complejidades e incluso de las contradicciones. Un ataque a la democracia representa una intolerancia extrema hacia las diferencias en nosotros mismos y en el otro. Ataca la existencia de diferentes organismos que se equilibran entre sí (en la mente de un individuo, en la sociedad y en las instituciones del Estado) en favor de un control omnipotente y monolítico. Obliga a tener una imagen única de la realidad que prohíbe la variabilidad y la libertad de elección, de expresión y de modo de vida. Crea un mundo dividido y polarizado en el que se demoniza la alteridad y se niegan los derechos básicos. Un ataque a la democracia es un ataque al pensamiento; un ataque a nuestra cordura, como individuos y como sociedad.

Deseamos expresar nuestra solidaridad con nuestros colegas de todo el mundo que sufren estos angustiosos fenómenos y animarnos, como psicoanalistas, a adoptar una postura firme, evitar el silencio y realizar esfuerzos activos para hacer frente a estos acontecimientos tan peligrosos.

(Texto original en: https://buff.ly/3XDIvqL)

CONVERSACIONES

6. Entrevista a Wania Cidade

Ximena Méndez

Wania Cidade, miembro efectivo y expresidente de la SBPRJ y presidente de Fepal (2022-2024).

¿Cómo un psicoanalista latinoamericano se involucra en la vida institucional de su sociedad en una América Latina donde, hoy como ayer, arden temas como racismo, sexualidades, Derechos Humanos, política, acceso de grupos minoritarios, movimientos sociales y turbulencias, ética y poder?

En un formato de 5 entrevistas a quienes hoy dirigen Fepal abordaremos estos temas en EN LENGUA VIVA: Fepal HOY. Les entregamos esta primera conversación para que la disfruten y les acompañe en sus reflexiones de lo que nos ocurre en América Latina hoy.

Vea en el canal YouTube de Fepal:

CONEXIÓN

FEPEAL

#28

Febrero 2023

MIGRACIONES

Imagen de portada Expansión 3 (2022), de Diego de Santos*. Transferencia de pintura acrílica y tiras de rafia sobre lienzo, 60cm x 80cm.
**Diego de Santos es artista visual. Ha sido galardonado con el Premio FUNARTE de Arte Contemporáneo (2015-2016). Nominado al Premio PIPA y ganador de la categoría Voto Popular Online (2014). Ha realizado exposiciones individuales y colectivas en espacios institucionales y galerías de todo Brasil. Vive y trabaja entre Caucaia y Fortaleza.*

EDITORIAL

7. Un estado de deriva e incerteza

Adriana Pontelli y Ana Valeska Maia Magalhães

Conexión Fepal, en proceso de paulatina transformación, hoy llega a ustedes como un incipiente proyecto editorial. Deseamos promover un espacio dinámico de circulación de reflexiones, relatos de experiencias, propuestas de lecturas en torno a temáticas y situaciones actuales que nos interpelan como psicoanalistas. Proponemos el desafío de decir/escribir en pocas palabras, a la manera de aquellos bocetos hechos a mano alzada, sin los detalles del croquis, pero con algunas líneas que contorneen un tema, trazos inconclusos que inviten a pensar. En este número presentamos un bosquejo sobre las migraciones.

En la cultura mítica, desde la Odisea de Ulises, conocemos la metáfora de la travesía oceánica como una inmersión profunda en los enigmas del inconsciente humano. Al igual que los giros inesperados de las olas en alta mar que golpean las embarcaciones, sumiéndolas en la turbulencia y el desamparo de un estado de deriva e incertidumbre, las actuales migraciones humanas están marcadas por viajes complejos y desafiantes. En los desplazamientos realizados por agua, tierra o aire, las migraciones dejan al descubierto de qué manera nuestra contemporaneidad se ve afectada por guerras, miserias sociales y catástrofes medioambientales, lo que trae consigo la evidencia de un futuro en constante mutación e inmerso en dificultades ¿Frente a circunstancias tan graves qué podemos hacer como psicoanalistas?

El diálogo con el arte contemporáneo es una de nuestras apuestas. Por eso en la portada de la presente edición contamos con la imagen de la obra Expansión 3 (2022) del artista Diego de Santos. Un barquero solitario impacta en el horizonte con el movimiento de sus remos. Esta pintura acrílica, con transferencia de tiras de rafia pintadas al soporte de lienzo, da un nuevo uso a materiales cotidianos, conmoviendo no sólo las prácticas tradicionales del lenguaje pictórico, sino, sobre todo, invitando a quien mira la imagen a repensar la posibilidad poética y afectiva de la realidad. El gesto delicado y esperanzado del barquero es de continuar, de ser un faro a pesar de la tormenta que nubla el ahora.

Perspectivas es un espacio diseñado como una urdimbre sobre la cual psicoanalistas de diferentes regiones insertan sus puntos de vistas en una trama narrativa o argumental. El hilo temático común – migraciones en este número – favorece el entretejido de los textos presentados, conformando de este modo un diseño particular. Cristina Fulco en su escrito Migraciones coloca en la trama la fibra de la teoría psicoanalítica para pensar el desafío clínico en trabajo con poblaciones migrantes. En su artículo Narrativas y desplazamientos, Patrícia Bohrer Pereira Leite nos advierte sobre los efectos de este fenómeno de escala a nivel mundial y pone en valor las intervenciones en la promoción de una cultura de acogida y hospitalidad. Finalmente, Diana Zac e Isabel Mansione en su texto Navegando las memorias colectivas, comparten su experiencia de intervención en el ámbito educativo, colaborando con docentes y estudiantes en la recuperación de historias de vida de migrantes.

En este número inauguramos además un clima de escucha y diálogo con profesionales de otros campos del saber. En *Intersecciones*, Renato Noguera, doctor en Filosofía, escritor y profesor, aborda el fenómeno de la migración, relacionándolo con la colonización ¿Es posible un mundo sin fronteras? Preguntándose por el significado de las fronteras en la época contemporánea, el autor articula los caminos históricos y la crisis actual, destacando la relación entre racismo, monoteísmo y necropoder. Pero no pierde la esperanza: *"Debemos soñar con un día en que no necesitemos emigrar, sino que podamos visitar y recibir visitantes"*.

En *Conversaciones* les proponemos un ejercicio de escucha de los intercambios producidos en la intimidad de una entrevista, punto de encuentro para el despliegue de narrativas testimoniales de voces de referentes de la cultura, de psicoanalistas destacados/as por sus aportes al psicoanálisis, o de quienes actualmente desempeñan una función en Fepal, como sucede en esta edición. Marina Massi, Coordinadora Científica de Fepal, en diálogo con Alicia Ángeles, nos cuenta sobre su trayectoria personal, profesional e institucional, sobre la relación del psicoanálisis con lo social, y el proyecto de gestión del área científica.

Un equipo de editores de la Revista Latinoamericana de Psicoanálisis de Fepal en la sección *Marcadores de Calibán* nos invita a revisitar artículos publicados en números anteriores, para recuperar aportes de mucha vigencia de quienes abordaron en su momento aquellos temas que propondremos para cada Conexión. En esta ocasión Gabriela Levy nos comparte algunos marcadores de lectura sobre *"la temática de migraciones y exilios (...) problematizada por diferentes autores que dejaron sus marcas-escrituras en nuestra Revista Calibán"*.

Invitamos a los lectores y las lectoras a conectarse con este proyecto editorial que hoy sale a la luz.

PERSPECTIVAS

8. Migraciones

María Cristina Fulco

Aunque se puede pensar que desde los orígenes las migraciones constituyen la historia de la humanidad, importa resaltar que los desplazamientos migratorios al modo de una "explosión" se han intensificado en las últimas décadas, no sólo en América Latina sino también en el mundo. A las múltiples y comunes causas históricas que han empujado a los pueblos a tener que abandonar sus lugares originarios, como ser las debidas a razones políticas, económicas, catástrofes naturales, invasiones y genocidios, se suman en estos tiempos de mutación civilizatoria, como se ha dado en llamar, la vorágine de los cambios político-culturales y tecnológicos a la que están sometidos las poblaciones de los más diversos lugares de nuestro planeta, sin tiempo para la elaboración de los duelos y las pérdidas,haciendo muchas veces temblar los cimientos de la identidad individual y colectiva.

¿Que tiene para aportar el psicoanálisis frente a estas nuevas realidades que por un lado interrogan su propio paradigma mientras que por otro lo ponen en jaque con su llamado de urgencia y desafíos clínicos, para acercarse a trabajar sobre los procesos de subjetivación que tanto las poblaciones migrantes como receptivas están transitando?

El abordaje del tema que nos convoca nos acerca a un trabajo de frontera en el sentido de zonas de cruce, marcado por una heterogeneidad de disciplinas que incluye psicoanalistas, antropólogos, sociólogos, economistas entre otros y que abre en abanico temas como la subjetividad ya mencionada, la alteridad, el cuerpo, las identificaciones, el racismo, la lengua, la violencia y no menos importante el inconsciente. No se trata por tanto y solo de desplazamientos geográficos, sino de las problemáticas que las migraciones ponen de relieve, develando lo latente, consiente e inconsciente, tanto en lo individual como en lo colectivo.

Algo de lo vinculado a los comienzos de la estructuración psíquica, ámbito del narcisismo, nos recuerda Freud en sus "Formulaciones sobre los dos principios del funcionamiento psíquico", "Las pulsiones y sus destinos" y – "La negación", al definir modos de funcionamiento de las pulsiones del Yo. Importa recordar que en estos trabajos lo que define como "Yo placer", es equivalente al rechazo de lo extraño, a lo que viene de afuera, al ser vivido como malo y amenazante.

Es frecuente que la población inmigrante, en los tiempos actuales, (y tal vez en todos los tiempos) genere y haya generado distancia y extrañamientos en una doble vertiente que abarca también a la población receptora, al poner en cuestión el tema de la identidad. Algo de lo ominoso, en el sentido freudiano, parece despertarse frente al diferente, en su carácter de extraño, extranjero, inquietante, en su ajenidad y en sus diferencias. Choque cultural promotor de desencuentros y de odio frente a diferencias de valores, costumbres, historias, tradiciones, que no siempre promueven oportunidades de enriquecimientos mutuos, sino que llevan a movimientos de intolerancia y violencia con sus efectos de expulsión, aislamiento y rechazo. Muchas veces al límite entre vida o muerte, como es bien conocido por todos.

El Psicoanálisis trabaja con la palabra como una de sus herramientas fundamentales en el encuentro con el otro. Trabajar con poblaciones de migrantes implica el desafío de aceptar lo desconocido de la lengua del migrante, desconocer muchas veces sus códigos, sus palabras prohibidas y la connotación sexual de las mismas con sus efectos traumáticos, tarea a la que también se enfrenta el migrante al ser portador de referencias culturales diferentes a las nuestras. Entendemos que estos desafíos necesariamente exigen, a la hora de nuestra práctica, un intenso trabajo con la contratransferencia al tiempo que implican una necesaria interlocución con la interdisciplina.

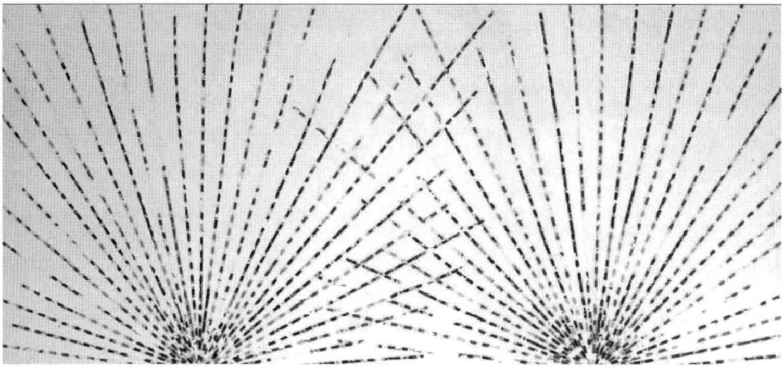

9. Narrativas y desplazamientos

Patricia Bohrer Pereira Leite

> *[...] toda migración es un acto de coraje... y conlleva cambios en toda la historia familiar. La migración, esta es su grandeza existencial, ¡es un acto complejo que no puede reducirse a categorías de suerte o necesidad! Independientemente de las razones que condujeron a este acto, la migración es a veces traumática [...] El psicoanálisis reconoce tres significados del trauma [...] éste se refiere a la pérdida del marco cultural interno a partir del cual se descodificó la realidad externa (Moro, 2002, p. 161).*

En mayo de 2022, más de 100 millones de personas se encontraban en situación de desplazamiento forzado debido a persecuciones, conflictos, violencia, violaciones de los derechos humanos o acontecimientos que alteraron el orden público. De ellos, al menos 36,5 millones eran niños y jóvenes que sólo han vivido en situaciones de conflicto y nunca han asistido a la escuela. Todavía hay quienes viajan sin compañía, trabajan para sobrevivir y sufren diversas formas de abuso (ONU, 06/2022).

Estas personas se desplazan de formas diferentes en cuanto a elementos fundamentales: lazos familiares, religión, aprecio de la lengua y la cultura de origen, formas de cuidar a los hijos, reparto de papeles en la familia, etc., constituyendo un grupo muy heterogéneo.

Las migraciones pueden introducir un desorden en la transmisión entre generaciones de elementos esenciales para nuestro desarrollo y salud psíquica. Las crisis tienden a silenciarnos; los adultos hablan poco con los niños preocupados por sus propias angustias; se añaden las rupturas y la pérdida de referencias concretas: la falta de una familia extensa, de un grupo al que pertenecer; aumenta la soledad y hay dificultades en las formas de cuidar y criar a los niños en la primera infancia. La precariedad de las estructuras de cuidado y de vivienda son condiciones frecuentes. Las instituciones educativas y sanitarias no siempre están preparadas para tratar los aspectos transculturales.

El arte ocupa un lugar esencial en la promoción de una sociedad más solidaria, su mediación puede aumentar las prácticas multidisciplinarias de salud y psicoanálisis. Una acción cultural inserta en la vida cotidiana crea una libertad y ayuda a la persona a alejarse de estas situaciones extremas. Inscrita en la memoria del encuentro, donde el otro nos pregunta, y acompañada de palabras nos recuerda nuestra poética. Se crean espacios de escucha donde el lenguaje puede ejercitarse en su expresión más lúdica. Un ejercicio que invita al diálogo, ayuda a negociar nostalgias, cultivar recuerdos, intercambiar repertorios y habilidades, significar experiencias, nombrarlas e integrarlas. La lectura de narraciones literarias es una excelente herramienta para mediar el lenguaje, las emociones y la cultura; la literatura es depositaria de nuestra riqueza humana, valorando nuestra alteridad y humanidad.

Debemos invertir en una cultura de acogida y hospitalidad donde cada persona o grupo sea considerado como un sujeto único. Los profesionales debemos, sin perder seriedad y rigor, cuidarnos de evitar compromisos que nos resten libertad para pensar e inventar en estos contextos adversos. Así, quién sabe, podríamos minimizar y evitar agravar las consecuencias de estos desplazamientos.

Referencias

Moro, M. R. (2002/2011). *Enfants d'ici venus d'ailheurs.* Artheme Fayard/Pluriel.

https://www.unhcr.org/fr/62aae6e24

https://www.acnur.org/portugues/2022/06/15/acnur-deslocamento-global-atinge-novo-recorde-e-reforca-tendencia-de-crescimento-da-ultima-decada/

https://brasil.un.org/pt-br/186958-unicef-aponta-recorde-de-37-milhoes-de-criancas-deslocadas

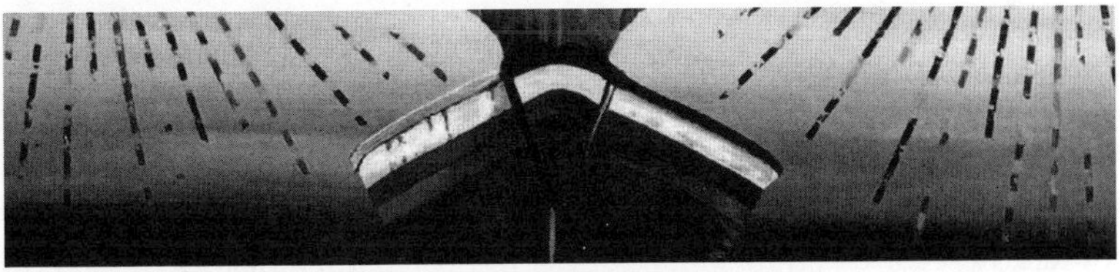

10. Navegando las memorias colectivas: una introducción a la identidad social

Diana Zac y Isabel Mansione

El ser humano en situaciones críticas puede quedar atrapado en sus orígenes o iniciar la aventura de la migración, que abre horizontes y experiencias, desafiando nuestra capacidad de adaptación, con las comedias y dramas de la existencia.

Migrar está en el imaginario colectivo como un modo posible de resolver el futuro. Confrontar las propias fantasías con lo sucedido a otros, acceder a los recuerdos de quienes nos precedieron y nos pensaron nos acerca a la memoria colectiva y nos esclarece.

El equipo de APdeBA realizó en Provincia de Buenos Aires, Argentina, una experiencia con docentes y estudiantes adolescentes, buscando recuperar esas historias de vida de migrantes que construyeron las tramas sociales de algunos pueblos.

Pensamos en los adolescentes para entrenarlos y confiarles el trabajo de campo y su presentación en la comunidad, porque ellos saben de la experiencia de atravesar cambios identitarios y pueden empatizar con relatos de adaptaciones, transformaciones, discriminaciones y prejuicios.

A la necesidad de la indagación académica se sumó la urgencia de evitar que la brisa de los tiempos borrara para siempre esas experiencias inscriptas en los macro procesos históricos, tan personales, pero sin voz.

¿Cómo conservar esos aportes que ningún libro recordaba y que sin embargo fueron los hilos de la espesa red psico-sociohistórica? ¿Cómo bucear en sus tragedias y en sus alegrías, para recuperar la carnadura del devenir? Éramos conscientes de movilizar la emocionalidad, con los riesgos y ventajas subsiguientes. Se encontraron testimonios de migraciones forzadas, así como otras guiadas por ideales, por amor, etc.

¿Cuál fue el aporte de los psicoanalistas? Tender puentes con otras disciplinas, otras culturas y diferentes generaciones. Incluir la perspectiva de una subjetividad en tránsito, deseosa de ser escuchada.

Encontramos que el uso de los adverbios aquí y allá, aunque tornaba confuso el relato, era un indicador de dónde estaba la mente durante el testimonio.

Buscábamos tornar visible lo invisibilizado que construyó desmemoria, y que sin embargo atraviesa la construcción de las identidades locales y singulares.

Se obtuvieron resultados imprevistos, como sucede en las investigaciones de las ciencias humanas. Se produjo una hermandad con pueblos de Italia, quienes organizaron museos interactivos con los testimonios grabados.

Asimismo, construimos con colegas de escuelas italianas el proyecto Educreando ©Binacional para la prevención de todo tipo de violencia en las escuelas incluido el bullying, y la discriminación a niños y adolescentes migrantes.

INTERSECCIONES

11. ¿Es posible un mundo sin fronteras?

Renato Nogera

Un sesgo para problematizar el fenómeno de la migración está en la colonización y sus efectos. Los procesos de colonización articularon el patriarcado, el racismo y el monoteísmo y construyeron el proyecto occidental de transformar "la humanidad en materia y energía" (MBEMBE, 2021, p.19). La migración está relacionada con las formas en las que el sistema mundial organiza la producción material de la vida. Desde las reflexiones del economista senegalés Felwine Sarr, el EcoMito del desarrollo cosifica la naturaleza. La migración es una especie de búsqueda de una "tierra prometida", abandonando un territorio en guerra o azotado por las catástrofes climáticas; sigue siendo para escapar. En el ensayo Necropolítica, el filósofo Achille Mbembe dice algo que merece nuestra atención: "La forma más exitosa de necropoder es la ocupación colonial contemporánea de Palestina" (MBEMBE, 2015, p. 136). Pues bien, ¿por qué la ocupación colonial es necropoder en su forma más elaborada? Por necropoder debemos entender una tecnología política que hace de la soberanía del Estado, el derecho a matar por criterios étnico-raciales. En el caso de Palestina, la migración de colonos está estrechamente relacionada con las apropiaciones que la dimensión política de la vida hace del discurso religioso. Los monoteísmos que provienen de Abraham tienen una peculiaridad: hay un pueblo que tiene derecho a una Tierra

Prometida. La política traslada este territorio de un paraíso post-juicio al aquí y ahora. Lo que a primera vista era teológico se "transforma" en geopolítico.

En este caso, la migración consiste en expulsar a unos en favor de la ocupación territorial de otros que por alguna narrativa teológico-política, cultural o económica se autodenominan los nuevos habitantes. Este es el patrón operativo del Occidente colonizador. Pero hay otras razones para emigrar. Mbembe nos habla de afropolitanismo, una especie de cosmopolitismo africano que, en lugar de estar de acuerdo con la tesis de una ciudadanía mundial en un mundo con fronteras, nos presenta lo que aquí llamo un mundo con límites en lugar de fronteras. Hasta cierto punto, la migración se organiza en torno a las fronteras como líneas geopolíticas que establecen la soberanía de una nación. Por lo tanto, es necesario tener un pasaporte, atravesar barreras de diversos tipos para poder entrar en una tierra extranjera. Europa se pasó siglos invadiendo, emigrando y ocupando, y fantaseaba con que estaba "descubriendo" un Nuevo Mundo.

Mi hipótesis es simple, bajar las fronteras y rehacer los acuerdos de soberanía volviendo a poner la vida como más importante que el capital, es una de las maneras en que podemos arriesgarnos a vivir menos marcados por el afecto del miedo, siempre en estado de vigilancia y con las armas en la mano. Debemos soñar con un día en que no necesitemos emigrar, sino que podamos visitar y recibir visitas.

Si no hubiera fronteras, no necesitaríamos emigrar. Si no hubiera tierra prometida, no necesitaríamos disputarla. Estoy de acuerdo con Mbembe, la política tiene que ver con la vida y la muerte, no con el conocimiento y la verdad. La migración sigue una dinámica de ocupación de nuevos territorios, ya sea para escapar de la escasez o para invadirlos y evitarla. Sobre lo que quiero reflexionar es sobre el abandono de la lógica de la escasez por una arquitectura conceptual de la política que pasa por lo que Davi Kopenawa trata como una cosmopolítica de la naturaleza, así como por las reflexiones de Mogobe

Ramose sobre un poli-diálogo y la importancia de la comunidad defendida por Mae Stella de Oxóssi. La migración es un síntoma de un problema que afecta al sistema geopolítico mundial. Es necesario comprender el complejo que generó este síntoma. Una alternativa sería crear una agencia entre la humanidad, la naturaleza y otros seres que no pase por la explotación, ni por alguna fantasía de salvación religiosa universal. El malestar de esta civilización produce flujos migratorios. Tal vez, más allá del bien y del mal, sea necesario establecer el fin de estos flujos con el cese de las fronteras. Si la propuesta es establecer unos límites y no fronteras. Dejo sin respuesta una pregunta que está en mis inversiones intelectuales. ¿Prefiere la humanidad mantener las fronteras o será capaz de renunciar a lo que la mantiene siempre viva, el riesgo de su extinción?

Referencias

Mbembe, Achille. (2016). Necropolítica. *Arte & Ensaios.* n. 32.

Mbembe, Achille. (2021). *Brutalismo.* N-1.

CONVERSACIONES

12. En Lengua Viva: Fepal Hoy Entrevista a Marina Massi

Alicia Ángeles Ramírez

Marina Massi, psicoanalista de SPBSP y coordinadora científica de Fepal (2022-2024).

Marina Massi, nuestra actual Coordinadora Científica, nos acerca a su cariño e interés por divulgar la producción científica de los psicoanalistas latinoamericanos desde hace varios años. ¿Cómo se toman las decisiones que, en el área científica, nos influirán en los próximos dos años? ¿Cómo se concibe esta área como un laboratorio de prevención ante la polarización dentro de nuestra institución?

En un formato de 5 entrevistas a quienes hoy dirigen Fepal abordamos estos temas en EN LENGUA VIVA: Fepal HOY. Les entregamos esta segunda conversación hecha entre Sao Paulo y Lima. Esperamos sea tan motivadora como lo fue para nosotros hacerla.

Vea en el canal YouTube de Fepal:

Marcadores de Calibán

13. Migraciones y exilios

Gabriela Levy

En los últimos años se observa en el mundo un aumento exponencial de las migraciones y desplazamientos provocados por guerras, opresiones, crisis climática, pobreza o simplemente por la búsqueda de mejores oportunidades de vida. La historia del psicoanálisis y su expansión están marcadas también por experiencias de migraciones y exilios como la Freud y muchos de sus contemporáneos durante la Segunda Guerra Mundial o, más próximo a nosotros, los exilios impuestos por las dictaduras militares en América Latina en los años 1970.

Dimensión significativa del entrelazamiento entre la experiencia individual y colectiva, la noción de exilio impregna implícitamente todo el pensamiento psicoanalítico en tanto paradigma de la extranjería, es decir, del descentramiento subjetivo y de la dialéctica entre identidad y alteridad inherentes a la constitución psíquica. Sin embargo, lo real de la vivencia de emigrantes y refugiados, nos ubica muchas veces frente a dramáticas situaciones-límite, en las cuales el abordaje del exilio exclusivamente como descentramiento psíquico resulta insuficiente para entender el sufrimiento específico de sujetos cuya alteridad está redoblada y exacerbada por experiencias de desplazamiento, violencia y alienación cultural.

Esta fundamental temática de migraciones y exilios ha sido problematizada por diferentes autores que dejaron sus marcas-escrituras en nuestra Revista Calibán. Compartimos aquí algunos marcadores de lectura:

Calibán Lo que no se sabe vol. 14 (2)

Edmundo Gómez Mango. *El terror político y la sesión analítica.*

Calibán Mal vol. 15 (2)

Marcelo Viñar. *Terror político y exilio-desexilio (sus marcas subjetivas).*

Calibán FemeninX vol. 17 (1) – *Dossier Mujeres en exilio* con textos de:

Gabriela Levy: Exiliadas.

Marie-Caroline Saglio-Yatzimirsky: *Mujer de piedra, mujer de llanto, mujer de rebelión.*

Simona Taliani: *Rastros generativos: Sobre repetición y exilios femeninos.*

José Luis González Fernández: Marie Langer: *Entre el duelo y la vida, una experiencia de exilio. Vivir el presente por el futuro.*

Claudia Andujar: *Huyendo de la Segunda Guerra Mundial: De Hungría a los Yanomami.*

Jobana Moya Aramayo: *Ser madre quechua en San Pablo: Un testimonio.*

Adriana Prengler: *Comité de Emigración y Reubicación de Psicoanalistas.*

Calibán #Fronteras vol. 18 (1)

Serapio Marcano: *Migración y Trauma: Una visión desde el psicoanálisis y de la experiencia personal.*

Trem baiano, fotografia de *Claudia Andujar*, de la serie Historias reales (1969). Impresión con tinta pigmentada mineral sobre papel de algodón, 73 x 110 cm.

CONEXIÓN

FEPAL

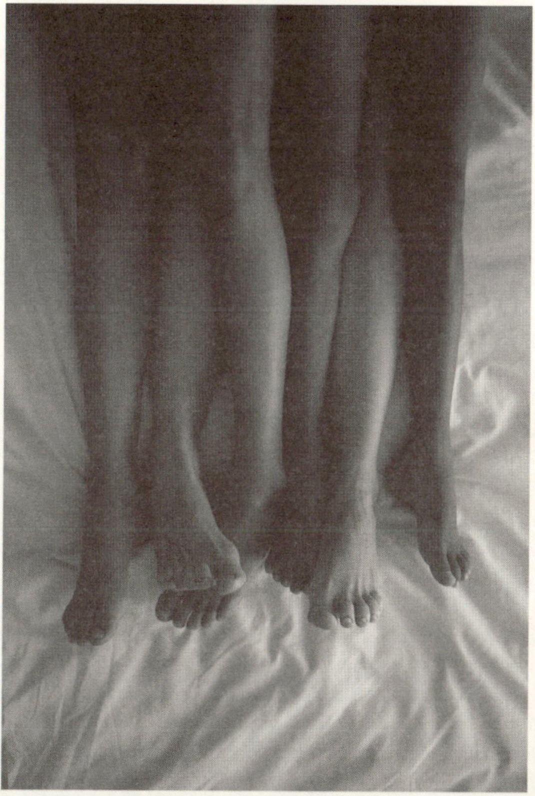

#29

Marzo 2023

MUJERES

Equipo editorial
Adriana Pontelli Directora de Publicaciones de Fepal
Psicoanalista de la Asociación Psicoanalítica de Córdoba (APC)

Alicia Ángeles Ramírez
Analista en formación de la Sociedad Peruana de Psicoanálisis (SPP)

Ana Valeska Maia Magalhães
Analista en formación de la Sociedad Psicoanalítica de Fortaleza (SPFOR)

Daniel Senos
Analista en formación de la Sociedad Brasileña de Psicoanálisis de Río de Janeiro (SBPRJ)

Lúcia Palazzo Directora Suplente de Publicaciones de la Fepal
Psicoanalista de la Sociedad Brasileña de Psicoanálisis de Río de Janeiro (SBPRJ)

Marina Massi Coordinadora Científica de Fepal
Psicoanalista de la Sociedad de Psicoanálisis de San Pablo (SBPSP)

Natalia Mudarra
Psicoanalista de la Asociación Panameña de Psicoanálisis (APAP)

Ximena Méndez
Analista en formación de la Asociación Psicoanalítica del Uruguay (APU)

Walter Eduardo Lisboa Traductor

Leo Mangiavacchi Diseñador gráfico / Diagramador

Imagen de portada Amor maternal (cover David Herkovitz), 2015, Natalia Iguiñiz Boggio[1]. Impresión digital en papel de algodón, 120 x 90 cm.

[1] *Natalia Iguiñiz (Lima, 1973) es artista visual y docente universitaria. Desde sus estudios de Pintura en la Pontificia Universidad Católica del Perú-PUCP (1990-95) y de la Maestría Género, Sexualidad y Políticas Públicas en la UNMSM, su trabajo explora la construcción de discursos en torno a las concepciones de lo femenino, la sexualidad, el trabajo doméstico y la maternidad; así como la memoria histórica y la colonialidad del poder. Su trabajo se desplaza entre los espacios expositivos de arte, la intervención en el espacio público y el activismo feminista. Ocasionalmente trabaja en diseño gráfico, comunicación social, escritura y curaduría. Su obra forma parte de importantes colecciones entre las que destacan las de los museos MOLAA, MALI, Museu de Arte Contemporânea do Rio Grande do Sul y El Reina Sofía. Es mamá de Antonia y de Vicente.*

EDITORIAL

14. Variadas facetas del universo femenino

Adriana Pontelli y Ana Valeska Maia Magalhães

En la imagen vemos una sábana blanca con pliegues, donde están tres pares de piernas y diferentes tonos de piel. La imagen es un recorte, una incompletud. Lo que falta en ella confronta la mirada, genera preguntas y nos invita a imaginar. Diversidad e intimidad, lucha y quietud, erotismo y juego. El trío de piernas, las miríadas del universo femenino, ¿qué transforma?, ¿qué transborda? Si para Freud la mujer era un misterio, ¿cómo pensarla en nuestro tiempo? Después de todo, ¿qué es una mujer? ¿Qué queremos, como mujeres?

Para esta edición de Conexión Fepal escogimos el tema Mujeres y seguimos invitando a artistas para que con nosotros continúen tejiendo nuevas posibilidades de lectura sobre lo que decidimos presentar a los lectores. La imagen que acompaña esta edición es obra de la artista visual, profesora, madre y activista feminista Natalia Iguiñiz, nacida en Lima, Perú. Su investigación explora cómo se construyen los discursos en torno a las concepciones de lo femenino, la sexualidad, el trabajo y la maternidad. Las conquistas históricas no son garantías inquebrantables, los discursos tienden a retroceder o fosilizarse. La inquietud del arte con sus preguntas abiertas, la sorpresa de lo que nos mira de vuelta y sacude el piso de las certezas, se constituye también como un campo que llama a la creación de formas diversas de ver el mundo, al otro, a nosotros.

"Si es un hecho que el presente parpadea, desde el pasado una niña saluda y su gesto atraviesa el tiempo hasta tocar a la mujer que habita el futuro", dice la escritora Camila Chaves, de Fortaleza, Brasil, en *Intersecciones*. En su delicado texto "La niña", Camila evoca literatura, mitos, voces y épocas, y nos instiga a pensar acerca de lo que entendemos por mujer, llamando a la niña que traemos con nosotras para también contar la historia de vida que escribimos.

No obstante, nuestro continente, marcado por una trayectoria colonial, patriarcal, esclavista, impone desafíos cotidianos a la escritura de la historia de las mujeres: feminicidios, racismos, violencias domésticas y urbanas, desigualdades salariales, estándares estéticos tiránicos, transfobias. Si, como mujeres, traemos a la niña con nosotras, desde otra perspectiva heredamos camadas de historias: de nuestras abuelas, de las mujeres silenciadas a lo largo de siglos de patriarcado, de la primera mujer que contó una historia, de la primera psicoanalista.

En este número presentamos además las *Perspectivas* de cuatro psicoanalistas: tres mujeres y un varón. Julio Casillas Ledesma, con el título de su trabajo "Las mujeres desde una perspectiva psicoanalítica propia", pone de relieve su visión personal sobre algunos conceptos de Freud considerados como "el núcleo de la teoría freudiana acerca de la femineidad". El autor asume el desafío de repensar críticamente algunos puntos del marco conceptual y propone la construcción de un modelo de "caleidoscopio para abordar las interminables figuras de lo femenino, del ser mujer hoy". Y para pensar ese presente, Graciela Cardó Soria, en "Mujeres, tiempos, lugares", selecciona tres escenas donde ubica las marcas míticas e históricas del dolor de tres mujeres. Reconoce el sufrimiento como una huella identitaria de lo femenino, posible de ser revertida en un proceso de historización de las heridas, de transformaciones y reivindicaciones en favor de identidades deseantes. En este mismo sentido Patrícia Alkolombre subraya en "Mujeres Protagonistas" el lugar central de ellas en sus proyectos vitales, y destaca la pluralidad de los deseos que las habita. Coincidimos con la autora en que "hay muchos modos de llegar a ser mujer, y [que] los mismos se enmarcan en los distintos contextos sociales"; por eso nos resultó interesante invitar a Natalia Mudarra para que, como psicoanalista latina, nos contara alguna de sus experiencias con mujeres de la comunidad Guna, pueblo originario asentado en el norte de Panamá. Así lo hizo en su escrito titulado "La colonización de lo femenino: realidad para mujeres indígenas y latinas".

La sección *Conversaciones* continúa con la serie de entrevistas tituladas "En lengua viva. Fepal hoy". En esta edición podemos escuchar una entrevista íntima e interesante, realizada por Natalia Mudarra a Zoila Ortiz, nuestra actual Coordinadora de Niños y Adolescentes de Fepal. Para la entrevistada la idea de "jugar y ver qué sale del juego" fue un hallazgo. Nos sumamos a esa propuesta, ofreciendo esta entrevista como una invitación a jugar para ver luego qué surge de allí.

"Ser y devenir mujer es una discusión que atraviesa la historia del psicoanálisis, marcada por las lagunas que Freud nunca llegaría a cubrir, y sigue siendo un tema que exige la mirada implicada y responsable de los analistas contemporáneos", nos señala Claudia Carneiro en su artículo "Mujer". Ella, implicada con este tema, en esta sección *Marcadores de Calibán* nos propone un recorrido por algunos artículos de la Revista, que también nosotros invitamos a leer o volver a leer.

PERSPECTIVAS

15. Mujeres protagonistas

Patrícia Alkolombre

El título *mujeres protagonistas* evoca la centralidad que adquiere su lugar desde comienzos del siglo pasado. Se suele decir que el siglo XX fue el siglo de la mujer por su inclusión en el mundo público dentro del arte y la literatura, en la economía, la ciencia en general y del psicoanálisis en particular. De allí que para pensar en los distintos escenarios que ocupan las mujeres en la actualidad, resulta vital hacer un poco de historia. Hasta fines del siglo XIX las mujeres tuvieron una larga permanencia en el mundo doméstico, no eran consideradas agentes plenas de sus propios deseos, ni tenían leyes que las protegieran. Su autonomía era relativa y estaba regida por las reglas de un patriarcado excluyente que no consideraba su lugar como sujetos de derecho.

A comienzos del siglo XX se iniciaron los movimientos feministas basados en el principio de igualdad de derechos del hombre y la mujer. Recordamos a las sufragistas que salieron a las calles a reclamar por el derecho al voto femenino. Se sucedieron las luchas por los derechos en el campo laboral, en la educación, en la política, en la economía y en los derechos reproductivos. Hoy somos testigos de los movimientos contra la violencia hacia la mujer (como #niunamenos), contra el acoso laboral (como #metoo). A su vez el avance del feminismo de los años 60' dio lugar a diálogos fecundos entre el psicoanálisis y las teorías de género que constituyen el espacio académico del feminismo.

De allí que las distintas temáticas referidas a la mujer están en pleno debate dentro de la sociedad, como también al interior del psicoanálisis. Desde sus inicios, la escucha de Freud de sus pacientes mujeres constituyó un período fundacional en el cual teorizó sobre la sexualidad femenina bajo las características de la pasividad y la complacencia con la vida doméstica desde una perspectiva androcéntrica y patriarcal, como reflejo de los ideales de la época. Sabemos que las preguntas que podemos hacernos están en relación con la época en la que vivimos.

Si nos preguntamos acerca de las mujeres, hoy podemos decir que hay muchos modos de llegar a ser mujer, y los mismos se enmarcan en los distintos contextos sociales; ciertamente no es lo mismo vivir en América Latina que vivir en Oriente Medio o en Europa. La geografía y la cultura inciden en los destinos y se ubican como "cuarta serie complementaria" concepto que postuló Alizade (2010).

El camino hacia la femineidad en la obra de Freud (1925) desemboca para la mujer en la ecuación pene= hijo, que da lugar al deseo de hijo. No encontramos en su obra otro deseo más que el deseo de hijo como un camino de subjetivación privilegiado para la mujer. Lo cual conlleva el riesgo de naturalizar, en el campo de la clínica, las búsquedas de embarazo de un modo a-crítico (Alkolombre, 2021). La naturalización de lo materno acarrea también nuevos escenarios de sufrimiento para aquellas mujeres que no quieren o no pueden ser madres por distintas circunstancias.

La maternidad para las mujeres es hoy un territorio heterogéneo debido a la separación radical de la sexualidad y la reproducción con la llegada de la anticoncepción oral y la fertilidad asistida. Lo materno – en plural – constituyen actualmente ese territorio heterogéneo en el cual los cambios de los ideales culturales están en plena transformación. Emergen nuevas miradas sobre un deseo de maternidad que puede albergar, al mismo tiempo, distintos caminos a través de la fertilidad natural, las técnicas reproductivas o bien su negativo: el no deseo de hijo (Alkolombre, 2021). En este sentido, nos plantea la necesidad de deconstruir el paradigma inicial de lo femenino dentro del psicoanálisis.

Si pensamos en la pregunta sobre el lugar de las mujeres – en plural – y sus proyectos vitales, podemos decir que encontramos hoy una pluralidad deseante. Si conjeturamos un pasaje de la pregunta clásica de Freud, "¿qué quiere la mujer?", cuya respuesta sería "el deseo de hijo", hoy podríamos formular "¿qué quieren las mujeres?", y la respuesta sería "ser protagonistas y agentes de sus deseos". Y en esto, el psicoanálisis tiene mucho para seguir aportando.

Referencias

Alizade, M. (2010). "La liberación de las parentalidades". *Revista Imago Agenda*, n° 140. Letra Viva Editorial.

Alkolombre, P. (2008). *Deseo de hijo. Pasión de hijo. Esterilidad y técnicas reproductivas a la luz del psicoanálisis*. Letra Viva Editorial.

Alkolombre, P. (2021). "The maternal-feminine: Scenarios in transformation psychoanalysis and gender perspectives". *Psychoanalytic Explorations of What Women Want Today* (pp. 161-171). Routledge.

Freud, S. (1925) "Algunas consecuencias psíquicas de la diferencia anatómica entre los sexos". In *Obras Completas*, vol. XIX. Amorrortu.

16. Mujeres. Tiempos. Lugares

Graciela Cardó Soria

Escena 1: Grecia Antigua

Antígona, hija y hermana de Edipo, hija de Yocasta, defendió las leyes de la naturaleza, cumplió la interdicción paterna por encima de la ley de los hombres. Enterró a su hermano Polinices, era lo justo aunque prohibido, era necesario por la naturaleza transmitida por la madre. Fue condenada a ser sepultada viva, optó por una muerte digna, suicidándose.

Escena 2: Ohio, 1871

"Ese hombre dice que las mujeres necesitan ayuda para subir a las carrozas y para sortear las zanjas, y para que tengan los mejores sitios en todas partes. Nunca nadie me ha ayudado a subir a las carrozas o a saltar un charco de barro, o me ha ofrecido el mejor sitio. ¿Acaso no soy una mujer? ¡Mírenme!... He arado y cultivado... ¡Nunca ningún hombre lo ha hecho mejor que yo! ¿Y acaso no soy una mujer?... ¡Soporté latigazos! ¿Y acaso no soy una mujer? Tuve trece hijos y vi cómo todos ellos fueron vendidos como esclavos. ¿Acaso no soy una mujer?" (Sojourner Truth)

Escena 3: Lima, marzo, 2023

Continuando con las protestas y marchas iniciadas en enero, un pequeño grupo de mujeres de la sierra sur peruana (Puno) corre directamente hacia la barrera policial con sus hijos en la espalda; a pocos metros un policía dispara una bomba lacrimógena y una de ellas es impactada. Al día siguiente, el Ministro de Educación declara a la prensa: "Ni los animales exponen a sus hijos así".

Mujeres, tiempos, lugares

Resalto el potencial simbólico de estas escenas, sus manifiestos y luchas, más allá de las formas en que se expresaron y expresan. Somos producto de desarrollos históricos, en los que la huella de miles de años de patriarcado marca nuestros inconscientes, dejando malestares visibles e invisibles sin nombres (Friedan, B. 2016). Gran parte del imaginario occidental continúa impregnado de ideas acerca de las mujeres como seres cuyo concepto engloba lo femenino, la condición de hembra y la maternidad. Mujeres "esencializadas" aún como emocionales, suaves, sentimentales, lacrimosas, familiares, cuidadoras.

Si bien la lucha de las mujeres está tomándose en cuenta (en algunos países), recordamos con Person que, "si las mujeres ahora se imaginan a sí mismas 'corriendo con los lobos', algunos hombres pueden sentirse amenazados" (1997, p. 167).

Una propuesta

Planteo comprender estas tres escenas a la luz de los conceptos de la "cultura de la herida" de Ahmed (2014) y de la "fetichización de la herida" de Brown y Berlant, citados por la autora (Ibíd.) Ellas nos recuerdan que lo femenino en la mujer aún está marcado por el dolor. Muchas veces es difícil transformar esto y queda solamente fetichizar la herida como huella identitaria; el sufrimiento es el corolario.

Pensemos las escenas como formas de historizar heridas y apartar el dolor como esencial a las subjetividades; en lugar de ello aparece el discurso reivindicador, la constancia del reclamo, la voluntad de poder. Reconocer su tiempo y lugar histórico, posibilita transformar heridas y afirmar identidades deseantes. Ellas salen del tiempo congelado del dolor, del lamento histórico, y duelan y trasfiguran el dolor real, en *promesa de devolución* que sostenga el *investimento de la espera* de sus luchas.

Coda

Antígona es autónoma, es el ser que no se somete, desobedece, dice no al edicto real injusto. Deviene mujer dueña de sí. Con representaciones-identificaciones paternas y maternas, construye el espacio del deseo propio.

Sojourner Truth nos enseña que La Mujer única no existe. Su cuerpo marcado por el dolor y el trabajo (en el campo y en sus partos), supo curar heridas para enfrentarse simbólicamente en su discurso y ganar por primera vez un juicio a un hombre blanco.

Las mujeres aimaras en mi país, marchan y se enfrentan por sus muertos y por sus derechos no atendidos, rompen ideales maternos enfrentándose a los representantes del poder. Son humilladas y atacadas. Parafraseando a Sojourner, podrían preguntar: llevo a mis hijos en mis espaldas al campo, a las marchas, *¿acaso no soy una madre?*

Estamos muy lejos del predominio del pensar la subjetividad de mujeres libres de lo materno (Alizade, 2006). En muchas geografías tenemos voz y somos escuchadas, pero también somos calladas y humilladas; tendremos siempre un precio por pagar. Tenemos mucho camino por recorrer.

Referencias

Ahmed, S. (2014). *La política cultural de las emociones*. Programa Universitario de Estudios de Género.

Alizade, M. (2006). "The non-maternal psychic space". In *Motherhood in the Twenty first century*. Karnak.

Friedan, B. (2016). *La mística de la feminidad.* Cátedra.

Person, E. (1997). *The force of fantasy. Its roles, its benefits, and what it reveals about our lives.* HarperCollins Publishers.

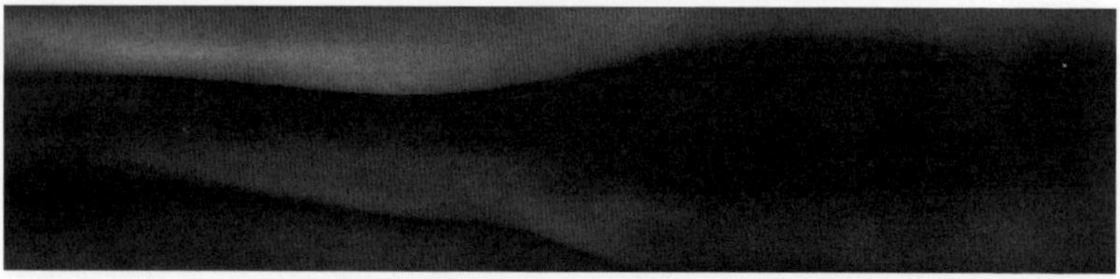

17. Las mujeres desde una perspectiva psicoanalítica propia

Julio Casillas Ledesma

Edipo y Freud han penetrado a fondo en las profundidades de los ojos de la esfinge. El monstruo propone su acertijo a todos los viajeros; quien no conoce la respuesta es despedazado, arrojado al abismo. Nuestro quehacer psicoanalítico cotidiano se expresa simbólicamente en este encuentro, cada inicio de sesión estamos frente al enigma, al acertijo de la esfinge, ¿representando la pulsión?

La pregunta y la curiosidad de Edipo es: "¿Quién soy?"; la de la esfinge es: "¿Quién eres? "Actualmente muchos cambios atraviesan la practica psicoanalítica, reconozco que muchos conceptos freudianos aún tienen una vigencia y seguirán siendo herramientas clínicas imprescindibles. Psicoanálisis de la mujer sigue siendo el gran reto, todavía falta descubrir más piezas del rompecabezas. Rápida y superficialmente veamos una sola pieza: cuando mencionamos en nuestro devenir profesional lo femenino, la mujer, la sexualidad femenina, el concepto de "la envidia del pene", y la errónea aseveración de que la vagina no desempeña un papel alguno en la vivencia sexual de la niña pequeña, como siendo "núcleo de la teoría freudiana acerca de la femineidad", ¡estamos hablando de prejuicios heredados de poco más de cien años! Y desafortunadamente siguen las disputas.

El reclamo esencial al patriarcado psicoanalítico es el de pretender "someter a la mujer al deseo del hombre". No obstante, Freud recibe críticas hasta la publicación de sus dos artículos sobre la sexualidad femenina, avalados por muchos trabajos escritos previamente de mujeres psicoanalistas, donde el descubrimiento de la diferencia sexual adquiere su significado a partir de la relación de la niña con sus progenitores, en especial el vínculo con la madre. Siguiendo a Fernández del Valle, es así como Freud se ve obligado a reemprender su descripción del desarrollo sexual de la mujer, al percatarse de que en sus anteriores descripciones del complejo de masculinidad se echa de menos una descripción atenta del terreno en el que surge, en la mujer, el reconocimiento de las diferencias anatómicas.

Cabe mencionar que hasta esta fecha Freud no se había ocupado del vínculo madre-hija, ni tampoco del vínculo madre-hijo, fuera de sus descripciones del conflicto edípico. Es interesante notar que introduce un nuevo término, el adjetivo "preedípico", al referirse a la fuerte ligadura que existe entre madre e hija antes de que en la hija nazca un interés amoroso por el padre.

Esto, como ya lo mencionaba, es solamente una pieza del rompecabezas. Parece que en esta etapa post-covid19, afloran nuevas direcciones en el ejercicio psicoanalítico; de hecho, es impresionante la relevancia que adquirió el abordar lo interno inmiscuido con lo externo, fundamentalmente el contexto sociopolítico cultural.

Ahora que se habla tanto de género, identidades, sexualidades, feminidad y masculinidades, relaciones jerárquicas entre los géneros, diversidad sexual, homoparentalidades, psicopatologías y violencia de género, intolerancia a lo femenino, el psicoanálisis ha iniciado un permanente y necesario diálogo con todo lo relacionado a lo que se denomina: "estudios de la mujer", un diálogo en esa temática compleja de la subjetividad de las diferencias entre los sexos y sus implicaciones con lo corporal y la violencia. Habrá que seguir profundizando la articulación entre subjetividad y cultura. Es triste y doloroso que en mi país (México) el ser mujer y salir a la calle sea riesgoso; tenemos un vergonzoso alto índice de feminicidios y violencia de género.

Así como Freud echó mano del block maravilloso (pizarra mágica) para explicar el aparato psíquico, quizá convenga diseñar nuestro caleidoscopio para abordar las interminables figuras de lo femenino, del ser mujer hoy.

Se puede afirmar que el psicoanálisis va más allá de lo binario, pero la esfinge nos sigue acechando con las preguntas: ¿Quién eres? ¿Quién soy? Hasta que un día la violencia ya no sea el paisaje diario de las mujeres en mi país.

18. La colonización de lo femenino: realidad para mujeres indígenas y latinas

Natalia Mudarra, Maydel Martínez y Cecibel Arias

La invitación del Museo de la Mola para llevar adelante un conversatorio[1], se convirtió en el lugar de encuentro de esta experiencia entre mujeres aparentemente muy distintas. Maydel Martínez, Médico General, es la primera mujer guna en regresar y ejercer la profesión en su tierra. Cecibel Arias, Licenciada en Trabajo Social, realiza una indispensable tarea de ayuda y soporte para el pueblo. Ambas me brindaron su visión sobre lo que es ser una mujer en este pueblo originario asentado en el norte de Panamá. Yo, como latina, presté mi escucha y mi saber psicoanalítico para integrar la experiencia de lo que significa ser mujer en la postmodernidad.

A la Dra. Maydel la conocí cuando trabajaba como especialista de salud mental fomentando la psicoeducación, prevención y tratamiento del VIH y SIDA en niños y adolescentes de varias islas de la comarca. Esta primera experiencia fue el inicio de un proceso de sensibilización, aprendizaje y fascinación por los pueblos originarios – que aún continúa – así como también el de una amistad y cercanía con mujeres y hombres gunas con los que sigo en contacto frecuente.

---

1 Referencia al "Conversatorio: Mujer, ecología y vida. Un vínculo ancestral que hemos olvidado en la actualidad", realizado em el Museo de la Mola, Panamá, 25-03-2023.

Maydel comenta su experiencia como médico en la comarca. Nos comparte el gran desafío que le representa mantener las costumbres y el arraigo de su comunidad, en complemento con la medicina occidental. Relata su experiencia de asistir a partos, en donde ella, como representante híbrida de su comunidad, pero también de la medicina occidental, debe hacerse de ambos recursos. "Mi papá me dijo que, aunque fuera médico, debía respetar las costumbres, que no podía llegar y querer cambiarlo todo", refiriéndose al gran reto que conllevaba salir de la comarca y regresar con un saber nuevo, que, por momentos, parece pretender colonizar un estilo de vida ancestral. La doctora cuenta cómo ante un parto complicado, por ejemplo, a veces es necesario llamar al "nele", el curandero de la comunidad, para que a partir de brebajes, rezos y masajes, ayude a la parturienta en su labor. Comenta también que respeta mucho su cultura, por eso le pregunta a la mujer embarazada si desea conservar la placenta, pues sabe que forma parte de la costumbre de su pueblo "sembrarla para dar vida". Maydel nos explica la similitud visual de la placenta y las raíces de los árboles, pues sus ramificaciones venosas, a manera de ramas, recuerda el vínculo con la tierra. En su comunidad, la familia de las mujeres que recién han dado a luz, pide conservar "la placenta y el ombligo" del recién nacido, para luego enterrarlos junto a una semilla de cualquier fruto y así seguir el curso natural de la vida y la creación. Puedo pensar que es un rito que se hace también en agradecimiento a la Gran Madre Naturaleza, que les provee de todos los recursos para vivir, pues en las islas no existe ningún tipo de servicio, como luz o agua potable. Muy pocos disponen de un celular con Internet.

Por su parte, Cecibel nos habla de la importancia en la relación y el respeto de la mujer guna y la naturaleza. A la pregunta: "¿cómo es una mujer guna?", responde sin reparo: "es la que hace todo"; sin embargo, es el hombre el que tiene el prestigio de llevarse para sí el galardón de ser quien manda y quien tiene voz y voto ante las autoridades gunas; aun cuando es la mujer quien cuida de los niños, de los enfermos, de los ancianos y de la tierra. Pude reconocer también esta invisibilización entre las mujeres latinas.

En los pueblos guna son las mujeres quienes heredan la tierra: las que habitan y las que cosechan. De hecho, es el hombre quien tiene que ir a vivir con la mujer en su tierra, cuando se casan. Para Arias, es una declaración del cuidado que mujer y naturaleza se profesan.

La familia guna está constituida en un orden social patriarcal, pero funcionalmente es un matriarcado. Está conformada por el padre, principal proveedor, y la mujer, "quien guía y conduce al hombre", según las propias palabras de una mujer guna que conocí. El hombre es la fuerza que trae la materia prima, pero es la mujer quien convierte esos insumos en recursos valiosos y útiles para la comunidad.

Lo extranjero (la medicina ancestral), lo indígena, lo femenino, todo lo que no sea el patrón cultural dominante, es muchas veces invisibilizado o maltratado. Como psicoanalistas podemos darle lugar a lo que en su espacio no tiene voz y desde nuestro territorio de saber, procurar trabajar en pro de la descolonización del lenguaje y del pensamiento.

De izquierda a derecha: Maydel Martínez, Natalia Mudarra y Cecibel Arias.

INTERSECCIONES

19. La niña

Camila Chaves

No consigo escribir la mujer sin hablar primero de la niña. Porque si pienso la mujer como proyecto, en su incompletitud, solo puedo entender la niña como estando en el origen de la producción de los deseos y de las bases que darán sustentación al querer. Si es un hecho que el presente parpadea, desde el pasado una niña saluda y su gesto atraviesa el tiempo hasta tocar a la mujer que habita el futuro. Si la mujer es resistencia, la niña es potencia de ser.

Cuando era niña, una vez dije que era niño. "¿Eres niño o niña?" Corrí sin rumbo después de responder. Pasé mucho tiempo de mi niñez deseando ser un niño, esa construcción social que llegaba a mí con sabor de infinitud. Poder jugar a la pelota y con los autitos, trepar árboles, construir muñecos, sacar una buena nota en Física y Matemáticas y gustar de niñas. Cuando era niña, hice todo eso, y hoy me gusta ser mujer.

Machado de Assis tomó para sí un verso de William Wordsworth, dando título a uno de los capítulos de Brás Cubas, difunto autor de sus *Memorias póstumas*: "el niño es padre del hombre". En esta perspectiva, intercambiados los géneros, con la debida licencia del ejercicio poético, si en la niña están las notas de ese convertirse en mujer, y si la mujer lleva en sí misma a la niña, podemos decir que la niña es madre de la mujer. Pero no solo.

En la universidad, conocí a una chica que más tarde se confirmó como hombre. Un día, entre tantos registros de su nueva forma de vida – el pelo en su rostro, el cambio de voz, el baño de mar sin camisa –, publicó una foto de su infancia, con una leyenda sucinta que decía: "Una niña me enseñó casi todo lo que sé". Era su agradecimiento. Desde entonces, nunca más entendí de la misma manera: "Aún es temprano".

También en *El parque de las hermanas magníficas*, Camila Sosa Villada, con su relato y creación de la vida travesti, su narrativa tan rodeada de Dios y de las cosas del mundo, me hizo pensar en la importancia de ese encuentro entre la mujer que habita el futuro y la niña que supo haber sido. Para que esto suceda, ella habla de la necesidad de preparar la casa y saber pedirle perdón por tanta belleza pasada por alto. Un deseo.

Entre desear y querer hay un abismo tan grande como el que existe entre los que tienen casi todo y los que casi nada tienen. A veces se quiere, pero no se desea. A veces se desea, pero no se quiere. El deseo viene ante todo, y el querer implica consecuencias. Antígona, hija de Edipo, deseó y quiso. Queriendo, cargó con las consecuencias de oponerse a las leyes de los hombres y a las de los dioses para hacerle honor a su deseo.

El ejercicio de esa mítica muchacha me recuerda a Guimarães Rosa, en *Gran Sertón: Veredas*, cuando dice que: "lo dificultoso, de verdad, es uno saber, definido, lo que quiere, y tener el poder de ir hasta el rabo de la palabra". Si entiendo el rabo de la palabra como algo vivo, que no se puede impedir, como la última consecuencia de algo, o el fin mismo, digo que, para saber lo que se desea y quiere, volver al inicio es, realmente, preciso.

Del futuro, una mujer parte hacia el pasado llevando una bolsa llena de cosas que no le servirán de nada, pero aún no lo sabe. Trescientos mil kilómetros por segundo, pero el camino es oscuro. Distante, hay una sonrisa que ha olvidado, un jugar hace mucho tiempo en desuso. Hay algo de imposible en ese encuentro, pero vale la pena el ejercicio de no caber. Convertirse en niña. La mujer se resiste, la niña terca, el deseo insiste.

CONVERSACIONES

20. En Lengua Viva: Fepal Hoy Entrevista a Zoila Ortiz

Natalia Mudarra

Zoila Ortiz, psicoanalista de la Sociedad Colombiana de Psicoanálisis (SOCOLPSI) y coordinadora de Infancia y Adolescencia de Fepal (2022-2024).

"Jugar y esperar qué sale del juego" fue una idea revolucionaria para Zoila Ortiz, actual Coordinadora del área de niños y adolescentes de Fepal.

Ella nos cuenta de modo muy íntimo cómo le fue interesando el trabajo institucional dentro del psicoanálisis con niños y adolescentes. Nos lleva a sentir su recorrido entre la Filosofía, el Psicoanálisis y el trabajo con niños que arrancó en un pequeño consultorio en un espacio comunitario como tantos en nuestra América Latina.

Conversa con Natalia Mudarra sobre este momento histórico donde observa la reducción de la experiencia humana a la lógica del mercado y cómo atraviesa a las crianzas y a las funciones materna y paterna.

Finalmente llegan a una idea potente: Quizás se trata de una desorganización que puede ser esperanzadora si ampliamos a nuevas formas de relación, de prácticas y de herramientas dentro del Psicoanálisis.

Desde "En Lengua Viva: Fepal hoy", les entregamos esta tercera entrevista hecha entre Bogotá y Ciudad de Panamá. Trabajar este material nos ha traído sugerentes imágenes. Esperamos que les active sus propias imágenes del trabajo con padres, niños y adolescentes en América Latina.

Vea en el canal YouTube de Fepal:

MARCADORES DE CALIBÁN

21. El multiverso femenino

Claudia Carneiro

Ser y devenir mujer es una discusión que atraviesa la historia del psicoanálisis, marcada por las lagunas que Freud nunca llegaría a cubrir, y sigue siendo un tema que exige la mirada implicada y responsable de los analistas contemporáneos. Hay muchos avances en el debate psicoanalítico sobre lo femenino y la feminidad, producidos por el cuestionamiento del lugar reservado a la mujer en la teoría freudiana. Pero recordemos que hablar de lo femenino no se restringe a las singularidades de las mujeres; también busca pensar lo femenino en los hombres. Esta comprensión nos invita a un nuevo debate, en el que no solo la subjetividad femenina, sino también la condición objetiva de la mujer en la sociedad y en el mundo debe recibir una atención profunda y central por parte del psicoanálisis contemporáneo.

Los lectores encontrarán en varios números de la revista *Calibán* reflexiones sobre el multiverso de las singularidades de la mujer, que Julia Kristeva llama *lo femenino transformador*, y también sobre su reverso: la mujer no reconocida como sujeto y siendo objeto de la pulsión destructiva y tanática del hombre. La mujer y las mujeres en su intimidad, belleza y condición extranjera, así como en su sufrimiento, opresión y cosificación son trazadas y retratadas por diversos autores de *Calibán*. Mujeres refugiadas, maltratadas y torturadas, víctimas de la misoginia y la crueldad de los hombres, mujeres violadas y asesinadas, todas son protagonistas en los textos que sugerimos a continuación:

Calibán Exceso vol. 11 (2)

Liana Albernaz de Melo Bastos: *El exceso contemporáneo en el cuerpo de la mujer o No toda brasileña es una cola.*

Calibán Deconstruir/transformar vol. 16 (1)

Patricia Alkolombre: *Deconstrucciones y transformaciones de la sexualidad: "Ella no es una mujer de verdad".*

Margarita Cereijido: *Madres solteras por elección y sus hijos: el devenir de su subjetividad.*

Calibán FemininX vol. 17 (1)

Julia Kristeva: *Preparación para el Preludio a una ética de lo femenino.*

Virginia Ungar: *Notas sobre lo femenino y la conducción de las instituciones.*

María Cristina Fulco: *Femenino – Feminidad – posición sexual: compleja construcción.*

Raya Angel Zonana: *Mito y origen.*

Sandra Lorenzon Schaffa: *Marie Bonaparte versus Joan Riviére: ¿Una sola libido? Mascarada como pasión del significante.*

Parick Merot: *La feminidad, entre hombre y mujer.*

Zélia Duncan: *Lo femenino y yo, ser y sus desafíos, ser es un desafío.*

En Dossier: *Mujeres en el exilio,* textos de:

Gabriela Levy: *Exiliadas.*

Marie-Caroline Saglio-Yatzimirsky: *Mujer de piedra, mujer de llanto, mujer de rebelión.*

Simona Taliani: *Restos generativos: sobre repetición y exilios femeninos.*

José Luis González Fernández: *Marie Langer: Entre el duelo y la vida, una experiencia de exilio. Vivir el presente por el futuro.*

Claudia Andujar: *Huyendo de la Segunda Guerra Mundial: de Hungría a los yanomami.*

Jobana Moya Aramayo: *Ser madre quechua en Sao Paulo: un testimonio.*

Calibán Pasión vol. 17 (2)

Laura Katz: *La ligazón madre-hija: una armonía imposible.*

Carla Rodrigues: *Misoginia, feminicidio, racismo, punitivismo: algunos significantes de la violencia contra las mujeres.*

Calibán #Fronteras vol. 18 (1)

Alain Derbez: *Ser música y hacer música: ser mujer y hacer jazz.*

Calibán Lo infantil vol. 19 (1-2)

En Vórtice: *Feminicidio: La violencia que no ves*, textos de:

Eloá Bittencourt Nóbrega y Wania Maria Coelho Ferreira Cidade: Editorial.

Regina Esteves: *Cuerpos femeninos: horizontes aniquilados.*

Rocío Franco y Elizabeth Haworth: *Los feminicidas: El malestar que nos habita.*

Sandra Gonzaga e Silva: Feminicidio: *¿Qué tiene que ver el psicoanálisis con eso?*

Dalia Guzik y Cristina Oñate: *Las voces del silencio: ¿Por qué hablar de feminicidio?*

Ludmila Y. Mafra Frateschi: *A vida é real e de viés.*

Laura Ward da Rosa: *Pasiones y femicidio.*

Calibán ¿Cómo haremos para vivir juntos? vol. 20 (1)

Helí Morales: *Violencia a cielo abierto: feminicidio y crueldad.*

La XIII Historia del Rostro Humano (Os Portais de H.), 1991, detalle, de *Eugenio Dittborn*. Airmail Painting No. 95. Pintura, costura y foto serigrafía sobre 6 secciones de tejido poliéster. 11 pies 5 pulgadas x 18 pies 4 pulgadas 6 sobres de 24,2 x 16 pulgadas cada. Cortesía del Nuevo Museo de Arte Contemporáneo, NY.

CONEXIÓN

#30

Julio 2023

RACISMO

Equipo editorial
Adriana Pontelli Directora de Publicaciones de Fepal
Psicoanalista de la Asociación Psicoanalítica de Córdoba (APC)

Alicia Ángeles Ramírez
Analista en formación de la Sociedad Peruana de Psicoanálisis (SPP)

Ana Valeska Maia Magalhães
Analista en formación de la Sociedad Psicoanalítica de Fortaleza (SPFOR)

Carolina García Editora en Jefe de Calibán
Psicoanalista de la Asociación Psicoanalítica del Uruguay (APU)

Daniel Senos
Analista en formación de la Sociedad Brasileña de Psicoanálisis de Río de Janeiro (SBPRJ)

Lúcia Palazzo Directora Suplente de Publicaciones de la Fepal
Psicoanalista de la Sociedad Brasileña de Psicoanálisis de Río de Janeiro (SBPRJ)

Marina Massi Coordinadora Científica de Fepal
Psicoanalista de la Sociedad de Psicoanálisis de San Pablo (SBPSP)

Natalia Mudarra
Psicoanalista de la Asociación Panameña de Psicoanálisis (APAP)

Ximena Méndez
Analista en formación de la Asociación Psicoanalítica del Uruguay (APU)

Walter Eduardo Lisboa Traductor

Leo Mangiavacchi Diseñador gráfico / Diagramador

Imagen de portada no TerReiRO dE Yiá (2021), de rOnA. Pasta acrílica, pintura acrílica, lápiz carbón y lápiz pastel. 1,60x1,56m.

EDITORIAL

22. Un malestar estructural

Adriana Pontelli y Ana Valeska Maia Magalhães

Existen varios puntos de partida posibles para analizar la historia de América Latina y sus reverberaciones en la actualidad. En esta edición de Conexión Fepal, el entretejido de imágenes y textos fue impulsado por el malestar de la fibra estructural que sigue tejiendo las confrontaciones en las relaciones humanas en nuestro continente: el racismo.

A diferencia de lo que acontece en la mayoría de las instituciones psicoanalíticas, el campo del arte ha deconstruido las narrativas eurocéntricas y ha abierto espacio para el trabajo de artistas indígenas, LGBTQIA+ y afrodescendientes. Muchos de estos trabajos contemporáneos confrontan la hegemonía blanca, exponen la violencia del racismo y ponen de relieve el tejido multifacético, político y crítico de los movimientos organizados en la lucha por los derechos. Para la portada de esta edición de Conexión Fepal invitamos al artista rOnA (Instagram: @ronaartista) a contribuir con su trabajo. "No TerReiRO dE Yiá" es una pintura desarrollada con técnica mixta: pintura acrílica, pasta acrílica, lápiz carbón y lápiz pastel. En la obra observamos diversos colores, tonos dorados y plateados, varias cabezas y miradas de reojo representadas. rOnA es un multiartista autodidacta, y en su desarrollo poético hace una apropiación simbólica de festividades y religiosidades, como la Folía de Reyes, el carnaval y el candomblé. También elabora sus creaciones a partir de referentes poéticos como océanos y sueños, sonidos y silencios, infancia y encantamientos. Inquieto, suele decir: "¡El arte para mí es acción!".

Si la acción marca el tono del quehacer artístico, en nuestro medio psicoanalítico aun es incipiente el reconocimiento del legado cultural africano e indígena. ¿Seguimos impregnados de la perspectiva colonial universal blanca? ¿Estamos ciegos ante la composición de nuestras historias plurales?

Nuestra propuesta con este número es pensar el racismo, especialmente cómo se manifiesta el racismo en las instituciones psicoanalíticas y qué acciones antirracistas, que están a nuestro alcance, podemos implementar. En los debates actuales sobre el tema se señala la necesaria toma de conciencia, por parte de los blancos, sobre sus privilegios y la adopción de actitudes responsables y de reparación después de siglos de explotación, violencia y exterminio de negros e indígenas en nuestro continente. Las secuelas del colonialismo y la esclavitud están cotidianamente presentes en el racismo estructural y desaguan, inevitablemente, en las sociedades psicoanalíticas, compuestas por una abrumadora mayoría blanca.

Como psicoanalistas no podemos permanecer inmóviles o ajenos a la violencia del racismo que arrasa con la vida y la dignidad de muchos seres humanos; por eso decidimos abrir este número con el manifiesto de la Comisión Directiva (publicado en mayo) en repudio a hechos graves y demostraciones racistas llevados a cabo recientemente.

Cuatro psicoanalistas comparten sus reflexiones en *Perspectivas*. Wania Cidade, actual Presidenta de Fepal, trae la indagación: "Psicoanálisis y antirracismo: ¿aliados?". Su texto nos estimula a pensar en el movimiento de la clínica psicoanalítica y la complejidad del racismo, de lo que se manifiesta violentamente y lo que permanece oculto, "actuando insidiosamente para mantener el orden social inmutable". La incomodidad y las reacciones de autodefensa de los blancos cuando se hace hincapié en el tema del racismo refuerzan la urgencia de debatir esta realidad en las instituciones para que se pongan en práctica prácticas antirracistas. Para Paola Amendoeira pensar como psicoanalistas en aquel "sufrimiento psíquico específico, resultante de una cultura estructuralmente racista", implica acciones concretas, tal como lo demuestra en el compromiso asumido por la Comisión de Estudios Psicoanalíticos sobre Racismo y Prácticas Antirracistas. Desde el corazón de esa experiencia grupal analiza las vivencias suscitadas; de allí el sugestivo título de su trabajo: "El racismo, nuestras Instituciones e (in)quietas-acciones". Por otro lado, Andrés Gautier Hirsch en su escrito "Comentarios sobre la obra de Carlos Macusaya: 'En Bolivia no hay racismo, indios de mierda. Apuntes sobre un problema negado'", propone una lectura de algunos acontecimientos sociales ocurridos en Bolivia y Perú en los últimos años. Para ello toma la idea de "sujeto racializado" y el concepto psicoanalítico de negación. También María del Carmen Cayupán en "Colonización en América Latina" destaca este concepto para referirse al negacionismo que opera en la población en relación con sus propios rasgos identitarios, ligados a los pueblos originarios.

"Una invitación a proponer una reflexión sobre el racismo, siempre me lleva a preguntarme sobre lo que uno espera oír al respecto", nos dice Sonia Beatriz dos Santos, antropóloga, profesora, analista en formación en el Instituto de Formación Psicoanalítica de la Sociedad Brasileña de Psicoanálisis de Río de Janeiro (SBPRJ) y nuestra colaboradora invitada de *Intersecciones*. Su texto, "Reflexiones sobre Racismo y Psicoanálisis", instiga una retrospectiva de la historia psicoanalítica con énfasis en las contribuciones de Sigmund Freud y Juliano Moreira desde una perspectiva racializada. La autora problematiza la tensión actual que impregna el debate sobre el racismo entre los psicoanalistas. Constata "la dificultad de los colegas para soportar, escuchar, elaborar y convivir con el hecho de ser afectado(a) por el malestar y el horror que el racismo instaura en nuestras mentes y cuerpos". Sin embargo, las posibles alianzas entre blancos y negros en la lucha antirracista pasan por lo soportable de este malestar y el reconocimiento por parte de los blancos de sus prácticas racistas, para después desarrollar acciones de cambio.

En *Conversaciones*, Diana Zac, actual Directora de Comunidad y Cultura de Fepal, en diálogo con Alicia Ángeles Ramírez, nos cuenta cómo ha sido el trabajo de esta Dirección en diversos territorios de América Latina. Pensar en Comunidad y Cultura en América Latina es entrar en un locus de creatividad, polifonía e historias plurales. Esperamos que disfruten de la conversación.

Finalmente, Alicia Briseño en *Marcadores de Calibán* nos acerca una nutrida lista de autores y artículos sobre el tema, publicados en varios números de nuestra Revista Latinoamericana de Psicoanálisis.

Cerramos nuestro editorial con la invitación a leer esta edición. Esperamos que esta Conexión Fepal alcance a los lectores de nuestras diversas Sociedades, promueva diálogos, amplíe nuestra escucha, enriquezca los pensamientos y colabore a impulsar acciones de inclusión social. Las innumerables historias que componen la trayectoria latinoamericana, aunque hayan sido muchas veces mutiladas, fracturadas y borradas por el colonialismo, exigen hoy nuevas narrativas. En este sentido, Wania Cidade destaca en su texto la invitación al curso de larga duración que se abrirá con un Webinar el 12 de agosto: "Una cuestión de color: decolonialidad y psicoanálisis", coordinado por Maria José Tavares, miembro de la Coordinación Científica de Fepal. Hay varios puntos de partida en acción, para, en palabras de Wania, "iniciar la construcción de esta alianza demorada".

Adriana Pontelli y Ana Valeska Maia Magalhães

MANIFIESTO

23. Racismo y violencia

Comisión Directiva

El Consejo Directivo de la Federación Psicoanalítica de América Latina (Fepal) expresa y manifiesta su preocupación y repudio ante los graves hechos y manifestaciones racistas que se vienen produciendo en varios países.

Un futbolista brasileño de 22 años, que ha sufrido repetidas agresiones verbales y físicas durante partidos y campeonatos europeos, reaccionó contra la violencia de la que fue objeto en el campo de juego. El acto de valentía y resistencia de Vini Jr resuena en los corazones y las mentes de otros jóvenes que sufren a diario la opresión por el color de su piel. Jóvenes cuyas vidas y sueños están amenazados.

Estos hechos revelan la ceguera y la impunidad en el ámbito deportivo, pero no solo allí. Se trata de la necesidad de concienciación y reconocimiento de los efectos nocivos del racismo y la violencia ligados al pensamiento colonial, que diezman poblaciones, causan un sufrimiento psicológico continuo y lesionan el derecho a la vida y a la igualdad de condiciones para todos.

Es necesario romper el silencio de las instituciones psicoanalíticas para hacer frente a los acontecimientos de su tiempo, sin omisiones, negaciones ni desmentidas.

Las perversas manifestaciones racistas ejercidas contra los negros, contra los indígenas o contra cualquier otro ser humano, requieren el repudio de la comunidad psicoanalítica guiada por la ética que orienta nuestra profesión.

Fepal se solidariza con las manifestaciones públicas contra el racismo estructural y otras formas de opresión que violan los derechos democráticos.

PERSPECTIVAS

24. ¿El psicoanálisis está alineado a las prácticas antirracistas?

Wania Maria Coelho Ferreira Cidade

> *La crítica de la modernidad estará inacabada mientras no comprendamos que su advíento coincide con el principio de la definición de raza y de la lenta transformación de este principio en matriz privilegiada de dominación ayer como hoy (Mbembe, 2014).*

En el psicoanálisis, en el campo transferencial, nos movemos entre amor y odio, vida y muerte, tristeza y alegría, miedo y coraje, abandono y receptividad, fantasía y realidad, en el "entre" del psiquismo del analista y del analizante. Un oficio construido en cada encuentro por sutilezas, silencios, murmullos psíquicos forjados por el terror, las pasiones, los afectos en oposición a la representación, los excesos y la no representación, por el vacío y el deseo. Conducimos la aventura de investigar universos distintos.

El proceso psicoanalítico no transcurre tranquilo ni establecido, va y viene al ritmo de las ondas de las pulsiones, de la experiencia emocional de la dupla, afectado por la fuerza del deseo, por lo que late inconscientemente en el psiquismo humano, pujando por llegar a la conciencia. Seguidores del rastro de lo no dicho o de lo que estalla por falta de continencia, nos observamos a nosotros mismos y al otro.

En este extraordinario y extraño viaje, nos hemos convertido en personas inclinadas a indagar en lo que ocurre en el alma, en lo que mueve al ser humano, y de ahí nuestra mirada inquieta sobre los fenómenos de la cultura, sobre lo que nos rodea de cerca y en la comunidad mundial.

El racismo es una de las manifestaciones más complejas a la que nos enfrentamos en el mundo moderno, ya que es responsable de la violencia, la desigualdad, la discriminación, de modos de relaciones en los que el otro necesita ser excretado, aniquilado para el mantenimiento de una estructura de poder que mata y excluye. Contrariamente a lo que admitimos, él está entre nosotros, escondido, encubierto, disfrazado, actuando insidiosamente para mantener el orden social inmutable.

Las prácticas del antirracismo son casi desconocidas para el psicoanálisis, aunque el psicoanálisis sea internamente un campo abierto para la escucha, la investigación y la crítica de la cultura. Sin embargo, la alienación y la falta de compromiso están relacionadas con la exclusión, las desigualdades y con el propio racismo contra indígenas y negros que existe en las estructuras de los países colonizados, de manera naturalizada y reproducida en sus instituciones.

Este es un tema que está entre las preocupaciones de la Dirección de Fepal y que forma parte de nuestros proyectos, desde el programa de gestión, precisamente porque creemos que está tan enredado con la organización política, económica y social de América Latina que necesita ser pensado en una perspectiva transdisciplinaria entre el psicoanálisis, la antropología, la historia, las ciencias sociales y políticas y los campos interesados en este diálogo fundamental.

Situado en un contexto histórico-cultural limitado y represivo, Freud revolucionó la modernidad, influyendo enormemente en otras escuelas y en el curso del siglo XX. Con su audacia y coraje influyó profundamente en la comprensión del psiquismo humano. No obstante, también la creación de las razas se remonta a la Edad Moderna, propugnada entonces por la ciencia con el interés de dividir a los sujetos en superiores e inferiores para que unos (no blancos, africanos, latinos, etc.) sirvieran a otros (los occidentales blancos). Pero, dicho sea de paso, en el siglo XX, la propia ciencia deconstruyó el concepto de raza, aunque él continúa vivo en el imaginario social.

Así, creo que es un movimiento natural del psicoanálisis expandirse en la observación de la cultura y en permanente intercambio con ella, inclusive, para ampliar la comprensión de lo humano, considerando las marcas y traumas de nuestro continente que generan conflictos brutales, aun en la contemporaneidad, en las periferias de nuestras regiones.

En el escenario actual, es inaceptable nuestro silencio con relación al racismo, que callemos frente a la intolerancia que se exterioriza en diversos segmentos de la sociedad, en lo religioso, en lo político, en lo sexual, ante cualquier diferencia.

Nuestro compromiso trasciende el consultorio particular y tiene que ser asumido contra cualquier tipo de violencia, porque como consecuencia de un acto violento, invariablemente, nos topamos con el sufrimiento psíquico.

La colonización se implantó como un sistema perverso, cruel e inhumano, que diezmó pueblos, lenguas y costumbres, y siguió su curso durante siglos explotando, violando y expropiando a los sujetos de sus derechos a ser y a existir. En este número de Conexión Fepal, tratamos de mecanismos discriminatorios exitosos, en los que el Estado protegió y garantizó los derechos de una parte de la sociedad que, a su vez, en su mayoría, fue connivente con el sistema, mientras que la otra porción de la población fue privada de su ciudadanía con repercusiones muy graves para la colectividad, hasta el día de hoy. Me refiero al racismo embrión de la colonización, que estructura modos de relaciones de poder y regula vidas; son métodos que marcan simbólica y socialmente a los sujetos no blancos, aquellos que están fuera de lo establecido por Occidente como norma universal. El cambio de paradigmas y la ruptura con el pensamiento colonial también encierran cierta violencia, ya que se trata de un sistema de privilegios al que la parte de la sociedad beneficiada no quiere renunciar.

Así, nuestras instituciones se volvieron blancas, y hablar de ello provoca sentimientos ambivalentes, genera malestar y disgusto, por tratarse de un asunto aparentemente ajeno al psicoanálisis. Pero, ¿no nos importa tener un patrón homogéneo, compuesto por una mayoría de mujeres blancas, con una edad media de 64 años, procedentes de centros urbanos, etc.? (Datos de la encuesta realizada en la gestión de Roberto Scerpella, Fepal, 2016). ¿Cómo haremos para diversificar los ambientes psicoanalíticos si no se habla de ello? ¿Esto no es un problema para nosotros? Creo que sí y que debemos actuar.

Frantz Fanon (filósofo, psiquiatra y militante revolucionario) en sus investigaciones y su práctica clínica insistía en considerar, junto a la ontogenia y la filología, la sociogenia, radicalizando en la influencia del mundo exterior en las subjetivaciones. No creo que esto sea nuevo para nosotros – el propio Freud y algunos post-freudianos consideran al medio ambiente en la formación del sujeto – sin embargo, el filósofo percibe la cultura colonial como un factor enfermizo y causante del mal en la sociedad, influyendo también en la enfermedad de los sujetos (Frantz Fanon, 2008).

Algunas sociedades de Brasil (Sociedad Brasileña de Psicoanálisis de Río de Janeiro, Sociedad Brasileña de Psicoanálisis de Porto Alegre, Sociedad Brasileña de Psicoanálisis de Ribeirão Preto), preocupadas por la inclusión y el reconocimiento del racismo y las desigualdades, han implantado becas de estudios en sus institutos.

Las discusiones dentro de las sociedades y la evidencia del racismo, debido a la información que nos llega a través de los medios de comunicación, vienen generando cambios importantes en el escenario psicoanalítico nacional, pero especialmente en Río de Janeiro y Río Grande do Sul. Escuelas, asociaciones y círculos de psicoanálisis han replicado la iniciativa de la SBPRJ y han creado proyectos dirigidos a la inclusión racial y social. Y es que basta con mirar a los lados para ver cómo nuestras organizaciones son elitistas y están desconectadas de la realidad social, aunque haya subversión y grupos o individuos consigan crear ventanas en estos espacios que se dirigen a la comunidad en general.

Pero el antirracismo presupone que este tema esté en pauta, se discuta y trabaje en las instituciones, admita y promueva el acceso a obras afrodiaspóricas e indígenas, beba de estas fuentes para una mejor comprensión de lo que le sucede a nuestra población, escuche las voces excluidas dentro de nuestros ambientes, las invite a nuestras reuniones científicas. En definitiva, esta es la alianza que hay que construir.

A nivel interno, la Dirección de Comunidad y Cultura a cargo de Diana Zac, en colaboración con el Grupo de Estudios Psicoanalistas en la Comunidad, coordinado por Isabel Mansione, ha estado trabajando en esta cuestión. Paralelamente, la Coordinación Científica de Fepal, coordinada por Marina Massi, promoverá un curso de larga duración, cuya apertura será un webinar: "Una cuestión de color: decolonialidad y psicoanálisis". El curso será coordinado por Maria José Tavares, miembro de la Coordinación Científica.

¡Que vengan buenos frutos!

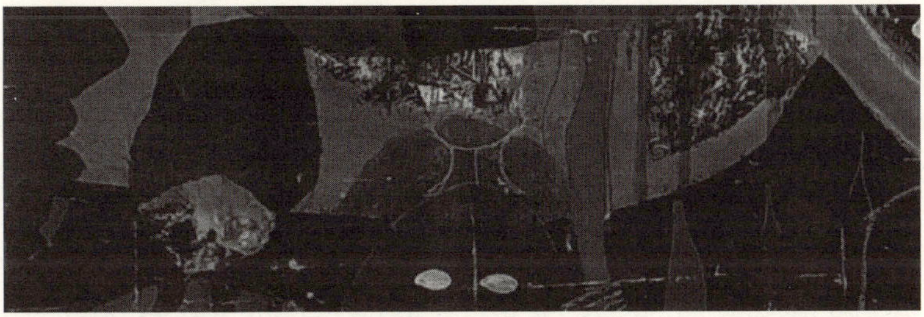

25. El racismo, nuestras Instituciones e (in)quietas-acciones

Paola Amendoeira

"Una llama no pierde nada encendiendo otra llama".

Ana Maria Gonçalves

El libro *Un defecto de color*, escrito en 2006 por Ana Maria Gonçalves, es una verdadera saga histórica y diaspórica africana que, a través de los "pequeños ríos de sangre" – como Kehinde, la protagonista, aún niña, llamó a la violencia y al sufrimiento que vivía – conecta África con el llegar a ser brasileño y latino que somos y aún no pudimos ser.

Ella dedica el libro a sus abuelos, con el proverbio: "Cuando sigues los pasos de tus mayores, aprendes a caminar con ellos". Lo dedica a los amigos, con el proverbio: "Amigo es como un vecino cuando Dios está distraído". Y también lo dedica a los historiadores, escritores, profesores, sociólogos, antropólogos, con el proverbio que está en la apertura de este texto: todos proverbios africanos.

El recrudecimiento de la violencia contra ciertos grupos sociales considerados minorías – que no sólo están en la base y en el origen fundacional de la constitución de nuestro país y de América Latina, sino que también representan a la mayoría de nuestra población, es decir, negros e indígenas –, sumado a las cuestiones de raza, género, sexo y derechos humanos, están en la agenda y necesitan ser pensados por los psicoanalistas. De hecho, todas esas cuestiones nos llegan cotidianamente por caminos singulares y colectivos, como testimonios de dolores indecibles que determinan un sufrimiento psíquico específico, resultante de una cultura estructural mente racista que nutre, reproduce y perpetúa una amplia intersección de prejuicios y establece el orden del poder actual. A todos ellos, les debemos un pedido de disculpa por nuestra demora en percibirlos y verlos con y desde el color que tienen, y que mucho dicen de su historia, de la persona que son y de las contribuciones que nos dan.

Reconocer y asumir la falta es mostrar que finalmente percibimos las maldades, que, aunque no las hayamos hecho, permitimos que se repitieran y perpetuaran a causa de nuestro silencio. También es un paso importante que allana el camino para que podamos reparar, enmendar y mejorarnos a nosotros mismos para ser verdaderamente plurales e inclusivos en cuanto a las diferencias. Esta es la profunda vocación de nuestro oficio desde la época de las histéricas de Freud.

En 2021, FEBRAPSI, bajo la presidencia de Cíntia Xavier de Albuquerque y a través de la Dirección de Comunidad y Cultura, dirigida por Wania Cidade, constituyó la Comisión de Estudios Psicoanalíticos sobre Racismo y Prácticas Antirracistas, asumiendo los siguientes compromisos:

- Profundizar la comprensión del pensamiento colonial, de las relaciones raciales y del racismo estructural en Brasil, buscando una mayor comprensión del tema en el ambiente psicoanalítico;

- Pensar en dispositivos que amplíen la aproximación de la población negra e indígena al medio y al saber psicoanalítico;
- Traer la riqueza de la diversidad de pensadores de la diáspora negra al ambiente psicoanalítico;
- Formular acciones antirracistas.

A partir de entonces, todas las Sociedades y Comisiones de Estudio, miembros de FEBRAPSI, fueron invitadas a nombrar un representante, para componer dicha Comisión y participar en sus reuniones.

La disponibilidad interna y emocional se moviliza intensamente. Se trata de un debate que para nosotros, blancos, y también para los negros y los pardos, es siempre una confrontación que a menudo nos lleva, a cada uno, al agotamiento de nuestras capacidades para contener el volumen de esta intensidad y soportar la certeza de que en nuestro interior permanece activo, sin que tengamos mucho control sobre él, un sistema racial que se pone en funcionamiento cuando no lo esperamos, que nos toma por sorpresa y nos revela a cada uno de nosotros al racista que todos traemos internalizado.

Estar, permanecer, aguantar, soportar permanecer en el grupo, escuchar lo que a menudo nos achacan, verdaderas y graves acusaciones, son sentimientos que a menudo alcanzan un grado agudo de autoconciencia en la dinámica de los encuentros que abordan las relaciones raciales y el racismo. Es contundente la presencia de esta experiencia que impone la tolerancia a un grado de separación intolerable y que pone en marcha una experiencia de humillación en el campo narcisista. Nos sentimos mal, cada uno, cada vez que se tocan y se ventilan recuerdos particulares de nuestra propia historia. Estos grupos tienen el potencial de desarrollarse como un espacio donde estas experiencias pueden ser compartidas, acogidas y, algunas, creo, reescritas.

La ansiedad de verse y de ser visto, señalado, discriminado, emerge internamente y hiere el orgullo narcisista. Emociones tumultuosas pueden surgir cuando nos sentimos observados. Especialmente cuando esa observación señala desviaciones, dificultades y limitaciones en lugar de sentimientos agradables como orgullo, placer o gratificación.

Por eso me parece tan difícil y pantanoso este terreno en el que nos dejamos meter por no enfrentarnos a nosotros mismos y no permitir la convivencia de diferencias suficientes que nos ofrezcan el espejo de lo que no somos. Es el alto precio que la colonización internalizada cobra a nuestras instituciones psicoanalíticas.

¿Es posible para nosotros hacer de este limón una hermosa limonada? ¿O al menos una limonada posible?

Nada de esto es por casualidad. Nada de esto está fuera de tiempo. Pero, sí, como dice provocativamente Ignácio Paim, está atrasado, estamos muy atrasados.

De todos modos, este parece ser nuestro tiempo. El tiempo necesario para que el Psicoanálisis brasileño y latinoamericano finalmente abrieran espacio para pensar pensamientos dolorosos que se han acumulado durante mucho tiempo en nuestro entorno, y que, al ser ignorados, cobran el alto precio de la limitación del pensamiento.

¿Dónde se ha visto a un psicoanalista sin pensar pensamientos? ¿O la masa psicoanalítica trabajando para impedir y evitar que alguien pudiera pensar esos tantos pensamientos?

Referencia

Gonçalves, A. M. (2006). *Um defeito de cor.* Record. Recuperado el 26 de junio de 2023, de https://escrevivencia.files.wordpress.com/2014/03/um-defeito-de-cor.pdf

26. Comentarios sobre la obra de Carlos Macusaya: "En Bolivia no hay racismo, indios de mierda". Apuntes sobre un problema negado

Andrés Gautier Hirsch

Es la obra de un intelectual aymara que escribe desde la implicancia del que vive el racismo cotidiano, como Frantz Fanon lo hizo cuando escribió "Piel negra, mascaras blancas" (1952). Macusaya escribió y publicó en medio de una crisis política gravísima que vivía una Bolivia marcada por una polarización social-política cuya componente racial ha sido predominante desde octubre 2019.

El racismo que emergió entonces en Bolivia con una radicalidad insospechada es del orden de una patología psicosocial de masas. Comparto con Macusaya cuando dice, hablando de la represión que se inicia en noviembre contra las poblaciones indígenas de El Alto, de la zona sur de La Paz y del Chapare: "como muchos alemanes en su momento, vieron como justo el trato nazi a los judíos e incluso lo festejaron, hoy en Bolivia se ve como justo y se festeja la violencia contra los indios" (p.105).

Carlos Macusaya introduce un concepto adecuado para pensar; habla del "sujeto racializado", que es una persona que recibe un trato favorable o discriminatorio en base a la categoría racial que la sociedad le atribuye. Nuestras sociedades son productoras de sujetos racializados. No sabría una sociedad que no los produzca.

Sin ir más lejos, si pienso en mi familia, pienso a mi madre judía atea que desde mis 10 años con frecuencia me contaba de lo inteligente que eran judíos, mencionaba Einstein, Marx, Freud... Cada persona que lo quiera o no, tiene marcas racistas.

El siglo XIX, hasta quiso dar a las teorías racistas existentes un valor científico. Era un justificativo de la dominación colonial. Las tendencias racistas tienen una larga historia en la humanidad. Es así que la pretensión de la nobleza española de tener sangre azul data del siglo IX para distinguirse de los moros y judíos, al iniciar la reconquista de España que estaba bajo el dominio de los moros.

Lo llamativo, es que la mayoría de las personas niegan sus huellas racistas, su sentir y pensar racista, como Macusaya lo menciona en el subtítulo de su libro: "Apuntes sobre un problema negado". Y es una observación que no vale solamente para Bolivia. Albert Memmi constata al inicio de su monografía sobre el racismo en 1982 que casi nadie quiere ser racista, aunque su discurso pueda ser racista. Él habla también de esa paradoja que Macusaya plantea con el título de su obra, el negar algo que el otro ostensiblemente es. Hay que decir que ser racista ha perdido sus títulos de nobleza.

Hablar de negación como lo dice Memmi o Macusaya, es tocar "un mecanismo de defensa". El ser humano para mantenerse en equilibrio, muy temprano, desarrolla mecanismos de defensa que reprime, olvida o niega. Esas tendencias se pueden observar en personas que no se sienten capaces de reflexionar sobre lo que les ocurre. Como el racismo es mal visto hoy, y posiblemente en los ojos de la propia persona, ¿quién tendrá esa fuerza para poder autoanalizarse, querer reconocer y analizar esa tendencia? Es como el alcohólico que no reconoce su alcoholismo.

Macusaya introduce en su obra el concepto de "límites jerárquicos" a respetar entre dichas razas, entre los superiores y los inferiores. El que no respeta la jerarquía corre el peligro de estar expuesto a la mirada que dice: "¡No te pases de la raya"!

Es lo que ocurrió en Bolivia en noviembre y diciembre de 2019 con muertos, heridos, detenidos y torturados, con ciudadanos de origen indígena, siendo tratados de terroristas, delincuentes y salvajes. Es también lo que ocurrió en Perú en diciembre de 2022 y enero de 2023.

Si el racismo es tan atrayente para una parte de la población, es debido a una necesidad mayormente inconsciente, de estar en una posición de superioridad, de poder y querer defender esa posición. La atracción de estar del lado del padre de la horda primitiva, la identificación con el agresor es un pan cotidiano. Es una pulsión de vida que juega con la muerte.

Gracias a la colonia el racismo ha sido naturalizado, como lo dice Macusaya. Ni el fin de la colonia española, ni la República han podido desnaturalizarlo. La ficción racista en el inconsciente individual y colectivo mantiene sus títulos de nobleza.

Referencias

Fanon, F. (1952/2009). *Piel negra, máscaras blancas*. Ediciones Akal.

Macusaya Cruz, C. (2020). *En Bolivia no hay racismo, indios de mierda – Apuntes sobre un problema negado.* Jichha.

Memmi, A. (1982/1994). *Le racisme.* Folio Actuel.

27. Colonización en América Latina

María del Carmen Cayupán

En su libro *El rugir de las multitudes*, Pablo Ramírez (2004) hace un análisis de los pueblos indígenas de Bolivia en la actualidad, basado en la lucha de la defensa de sus culturas, que fueron desarrollando un idealismo multicultural. El autor destaca no solo las palabras sino también las acciones transformadoras de estos pueblos para rescatar su historia y cultura. Los movimientos indígenas multiculturales desplegaron símbolos de distintos grupos y de los mismos integrados, como la Wihpala del Qullasuyu (bandera cuadrangular de siete colores), los pututus (instrumentos musicales) y los ponchos rojos y verdes. Estos movimientos y sus símbolos permiten reactualizar las culturas y las lenguas aimara y quichua en honor a héroes indígenas como Katari Zárate entre otros.

En América Latina se han conformado territorios con poblaciones, liderados por indígenas, que esgrimen los símbolos de las comunidades. Sin embargo, se originan territorios en conflicto entre el estado indígena y el poder local regional blanco-mestizo, como sucede con "los sin tierra". Con el surgimiento de espacios de confrontación, se exige que el poder – otra vez colonialista – controle el sector indígena "violento" (como lo califica el poder político de Chile y Argentina), cuyos integrantes son tratados como criminales.

La propuesta del reconocimiento de las diversidades culturales y la inclusión de los pueblos indígenas por parte de algunos Estados resulta un enunciado carente de contenido, ya que la mirada hacia estos pueblos es la heredada de la colonia, desde un lugar donde su organización social y cosmogonía son desconocidas. Por ejemplo, las mujeres marrones[1] (indias o mestizas) piden a los gobiernos que les permitan parir de acuerdo a su cultura, usar la farmacopea de sus ancestros y trasmitir su lengua e historia.

La colonia determinó el futuro de los pueblos originarios. Occidente se presentó como superior en sus saberes. Culturalmente los Estados se definen como civilización, modernidad y racionalidad, incluyen escuelas, hospitales y cuarteles. Sin embargo, la dominación étnica se ha ejercido desde la colonia sumergiendo la población indígena a la pobreza, al trabajo esclavo, a la explotación del trabajo infantil y al trabajo de riesgo.

En su artículo, Silvia Cusicanqui (2008) hace referencia al destrato del indígena a través de frases discriminatorias, fruto de la xenofobia: "¡Ese cholo de mierda!" "Ahora hasta los jefes de oficina son puro indios". "Puro indios de chamarra están en Cancillería". La autora señala que los que provienen de ancestros indígenas tienen un corazón esquizofrénico, dividido; por una parte, sienten orgullo y por otra parte auto-denigración, vergüenza. El criollo, mestizo de español e indio, lo odiaba y lo eliminaba para ocultar por vergüenza su origen indio. Podemos pensar en una identidad negacionista de su origen indio. En el libro *Martín Fierro* de José Hernández – y también en algunas obras de

1 "Identidad Marrón" es una organización civil que denuncia y busca visibilizar la discriminación que sufren las poblaciones indígenas, migrantes y campesinas en Argentina.

Jorge Luis Borges – se narra los ataques de aquellos criollos que utilizaban el facón, arma occidental que llegó con los colonizadores.

Aún hoy decirle a alguien "indio" se utiliza como insulto. Algunos estigmas que se atribuyen por prejuicio al indígena, nativo o mestizo tales como la vagancia, el no trabajar, ni estudiar, favorecen el odio hacia sus personas por ser "otro" distinto que hay que eliminar. Blanca Montevechio (1999), psicoanalista argentina, dice que algo que caracteriza a nuestro pueblo es la capacidad de negar el presente (sin el reconocimiento ancestral), con incapacidad de resolver el futuro. El proceso de transculturización muestra dificultad en la elaboración de la identidad.

Referencias

Mamani Ramírez, P. (2004). *El rugir de las multitudes: la fuerza de los levantamientos indígenas en Bolivia/ Qullasuyu.* Aruwiyiri.

Montevechio, B. (1999). *Las nuevas fronteras del psicoanálisis.* Lumen.

Rivera Cusicanqui, S. (2008). *Pueblos originarios y Estado. En Gestión pública intercultural.* Azul.

INTERSECCIONES

28. Reflexiones sobre racismo y psicoanálisis

Sônia Beatriz dos Santos

> *Es la más superficial de las diferencias humanas, solo tiene la profundidad de la piel. Sin embargo, como construcción ideológica, la idea de raza ha impulsado guerras, influido en la política y definido la economía mundial durante más de cinco siglos (Portal Geledés, 2010).*

Una invitación a proponer una reflexión sobre el racismo, siempre me lleva a preguntarme sobre lo que se espera oír al respecto. Percibo con cierta frecuencia en los debates entre grupos o instituciones la existencia de una concepción que se basa en la creencia de que cuando abordamos el tema del racismo y las cuestiones que se originan a partir de él, tal empresa tendrá lugar bajo una perspectiva romántica de que no habrá conflictos entre nosotros, o de que no nos frustraremos; por otro lado, he observado la dificultad de los colegas en soportar, escuchar, elaborar y convivir con el hecho de verse afectado(a) por el malestar y el horror que el racismo instaura en nuestras mentes y cuerpos. Sin embargo, para nosotros, las personas negras, tales estados de sentimientos no pasan por una posibilidad de elección, seamos conscientes o no de este proceso; estas emociones se experimentan en la vida cotidiana y se transmiten transgeneracionalmente.

No hay escapatoria para quienes realmente entran en contacto con la realidad lacerante que es el racismo; nos deja a flor de piel, asfixiados, consternados y para algunos de nosotros – que tenemos nuestro lugar en el mundo marcado por la subalternidad racial –, esta conjunción de sentimientos se respira, se da a conocer y se experimenta desde el nacimiento. Cabe señalar que muchos de nosotros hemos podido sobrevivir a estas conmiseraciones hasta el día de hoy porque nuestras(os) antepasadas(os) crearon resistencias y caminos resilientes que nos han sostenido psíquica y físicamente. Nuestra adaptabilidad al racismo – que no debe confundirse con el conformismo – es una tecnología ancestral sui generis transmitida a través de las generaciones de afrodescendientes de la Diáspora y de África. Neusa Santos Souza (2021) afirmó lo siguiente:

> *Los antepasados ocupan un lugar privilegiado en la historia del negro, particularmente del negro brasileño, sustancialmente investidos de energía libidinal, sus palabras tienen estatuto de verdad y fuerza de ley, y sus proyectos no realizados son el destino de los descendientes. Así, esas figuras ancestrales – más o menos remotas – construyen el sistema superyó ideal del yo, permitiendo la internalización de las exigencias e ideas a ser cumplidas por hijos, nietos, bisnietos, ad infinitum (p. 67).*

Dicho esto, debemos prestar atención a otra contribución fundamental aportada por Isildinha Nogueira (2021), porque su argumento nos llama a la acción contra el racismo:

> *Para el psicoanálisis, el sujeto se define como una estructura marcada por la discontinuidad entre conciencia e inconsciencia. Tal discontinuidad implica que la dimensión del inconsciente escapa a la conciencia y a los procesos*

> *cognitivo-reflexivos que le son propios. En este sentido, el sujeto se ve afectado por los procesos inconscientes que lo habitan y sobre los cuales no puede ejercer un control consciente (p. 71).*
>
> *El punto de vista que pretendo tematizar se refiere precisamente a este aspecto inconsciente en el que se inscribe el racismo, tanto para los blancos como para los negros. Y es este fenómeno el que hace que los contenidos inconscientes vinculados al racismo persistan, independientemente de la realidad social y política. Es decir, incluso si, en el campo social, político y jurídico, el racismo pueda ser excluido, tal exclusión opera en el plano de la conciencia de los individuos que no puede, por sí sola, determinar el campo del inconsciente (p. 71).*

Por lo tanto, si, como demuestra el autor, el racismo está inscrito en el inconsciente del individuo, quien, por su parte, no puede ejercer un control consciente sobre él, debemos considerar que de esta problemática emerge la necesidad de una acción fundamental a ser realizada por parte de los psicoanalistas y sus instituciones con respecto a la confrontación del racismo, incluso en su dimensión patriarcal cis-heteronormativa. Y considero que tenemos en la cronología del psicoanálisis las bases para este compromiso, puesto que él surge en la coyuntura de la historia del racismo, donde se desarrollaron discursos y prácticas basadas en la raza contra grupos y pueblos de origen no europeo a mediados del siglo XIX: eugenesia, darwinismo social y racismo científico; período en el que Freud (1856-1939) y Juliano Moreira (1872-1933)[1] nacieron y vivieron su infancia, juventud y parte de su vida adulta.

---

1 Juliano Moreira fue un médico psiquiatra negro, frecuentemente considerado como el fundador de la Psiquiatría y del Psicoanálisis en Brasil.

He emprendido esfuerzos para pensar la constitución de la teoría freudiana y sus despliegues dentro de este contexto racializado, aun cuando ese aspecto no aparezca en las obras del autor. Elizabeth Roudinesco (2016) demuestra que Freud presentaba en su herencia ancestral la experiencia humana atravesada por la racialización de sus antepasados que experimentaron la angustia de la exclusión, que marcó física y psíquicamente a los sujetos de pertenencia étnico-racial distintos del blanco europeo. De modo que me intriga pensar por qué no desarrolló reflexiones psicoanalíticas en torno a cuestiones raciales.

Es a partir del siglo XX que autores como Franz Fanon, Neuza Santos Souza, Lélia González, Isildinha Nogueira, Ignácio Paim Filho, Wania Cidade, entre otros, nos despertarán para pensar el psicoanálisis a la luz de la raza y el racismo. Destaco a Lélia González (1988) que, en los estudios del psicoanálisis, buscará las razones del desarrollo de la neurosis cultural entre los brasileños como consecuencia directa del racismo, debido al hecho de que el país niega sus orígenes "ladinoamefricanos" (p. 69).

Concluyo reafirmando que los contextos en los que vivieron Sigmund Freud y Juliano Moreira no pueden ser ignorados desde el punto de vista de la historia del psicoanálisis. No es posible pasar por alto que las primeras teorías psicoanalíticas fueron formuladas por una persona racializada y se expandieron por todo el mundo; tampoco es posible no dar notoriedad al hecho de que ellas fueron introducidas en Brasil por un hombre negro, procedente de las clases populares, nacido antes del fin del régimen esclavista en Brasil (ver Marinho, 2017, p. 90). Ambas trayectorias se constituyeron durante el proceso de racialización del mundo, que afectó la vida de judíos, negros, pueblos originarios, entre otros pueblos no europeos.

Referencias

A história do racismo. África e sua Diáspora. Esquecer? Jamais. (2010). Fonte: Portal Geledés: https://www.geledes.org.br/historia-racis-mo/?amp=1&gclid=EAIaIQobChMIr7jBqqek_wIVpkFIABo 94ga_EAAYASAAEgIocPD_BwE

Freud, S. (1914/2010). Introdução ao narcisismo. In *Introdução ao narcisismo, ensaios de metapsicologia e outros textos*. Companhia das Letras.

González, L. (en-jun de 1988). "A categoria político-cultural de amefricanidade". *Tempo Brasileiro*, 92 (n.93), 69-82. Acceso en 15 de junio de 2023, disponible en https://edisciplinas.usp.br/pluginfile.php/6409966/mod_resource/content/2/2.%20Lelia%20Gonzalez_A%20categoria%20pol%C3%ADtico-cultural%20de%20 amefricani-dade.pdf

Marinho, F. (2017). "O Precursor". *Revista Brasileira de Psicanálise*, 87-96.

Nogueira, I. B. (2021). *A cor do inconsciente: significações do corpo negro*. Perspectiva.

Roudinesco, E. (1944/2016). *Sigmund Freud na sua época e em nosso tempo*. Zahar.

Souza, N. S. (2021). *Tornar-se negro ou As vicissitudes da identidade do negro brasileiro em ascensão social*. Zahar.

CONVERSACIONES

29. En Lengua Viva: Fepal Hoy Entrevista a Diana Zac

Alicia Ángeles Ramírez

Diana Zac, psicoanalista de APdeBA y Directora de Comunidad y Cultura de Fepal (2022-2024).

Algunos ríos del trabajo comunitario en el Psicoanálisis latinoamericano han sido descritos en esta entrevista por Diana Zac, directora actual del área de Comunidad y Cultura de Fepal. Nos cuenta cómo se viene trabajando en diversos territorios de nuestro continente en esta área, en equipo como cuerpo pensante y sostenedor de un trabajo que vitaliza tanto al Psicoanálisis con sello latinoamericano como a nuestro quehacer clínico. Podrán encontrar también ecos del encuentro "Diálogo entre Derechos Humanos y Psicoanálisis" que realizáramos en el pasado mes de abril. El mismo ya es de acceso de todos en nuestro canal de YouTube en portugués, español e inglés.

Los invitamos a esta conversación hecha a dos manos entre Buenos Aires y Lima y esperamos que la encuentren tan sustanciosa como nosotros.

Vea en el canal YouTube de Fepal:

Marcadores de Calibán

30. Racismo

Alicia Briseño

El racismo como constructo social fue creado para justificar el trato abusivo y desigual en la explotación, la esclavitud, el despojo, la persecución, etc. de otros. El racismo se apoya en el pre-juicio, esto es, en juicios emitidos desde el inconsciente, de ahí lo difícil que resulta no sólo frenarlos sino detectarlos en cada uno.

A lo largo de dieciocho textos, diferentes autores en *Calibán* nos presentan algunas formas de racismo, discriminación y exclusión, interpelando al psicoanálisis y a los psicoanalistas. Nos muestran, cada uno a su manera, las distintas formas de racismo, el tema de la blanquitud, la discriminación, la misoginia y el clasismo.

Calibán Poder vol. 16 (2)

Wania Cidade y Jorge Kantor: *El racismo como factor clínico relevante: Tenemos un problema.*

Iván Gutiérrez Cuadrado: *Racismo, un legado que produce identificaciones alienantes.*

Jorge Luyando Hernández: *Concepción del mundo y discriminación racial.*

Cyril Levitt: *Proyección paranoide como defensa contra sentimientos racistas y como identificación con el agresor: Un relato clínico.*

Lúcia Maria de Almeida Palazzo: *El miedo en la escena analítica ¿Y si Calibán fuera africano?*

Margareta Hargitay Wieser: *¿Por qué no hablamos de racismo y discriminación en psicoanálisis? Los venezolanos somo chéveres.*

Gabriel Dukes: *Angelus novus.*

Ney Marinho: *El racismo y el misterio de la repetición.*

Alice Becker Lewkowicz: *De las ruedas de conversación al jongo: De la Desmentida a los mensajes cifrados.*

Calibán Pasión vol. 17 (2)

Carla Rodrigues: *Misoginia, feminicidio, racismo, punitivismo: Algunos significantes de la violencia contra las mujeres.*

Calibán Lo infantil vol. 19 (1-2)

Josimara Magro Fernandez de Souza: *A propósito de la blanquitud en nuestra clínica con niños y adolescentes.*

Calibán ¿Cómo haremos para vivir juntos? vol. 20 (1)

Cecilia Moia: *Discriminación*

Ignacio A Paim Filho: *Racializar el psicoanálisis: Romper las fronteras alienantes de la blanquitud.*

Wania Maria Coelho Ferreira Cidade: *Racismo, violencia y trauma.*

Jorge Bruce: *La otredad maligna.*

José Enrique Galeano: *Heteronormatividad, discriminación e instituciones psicoanalíticas.*

Lúcia Maria de Almeida Palazzo: *¿En qué punto están los psicoanalistas? Blanquitud. Acción afirmativa. Nueva acción psíquica.*

The garden of good and evil (2019), de Alfredo Jaar.

CONEXIÓN

FEPAL

#31

Octubre 2023

DIVERSAS CONFIGURACIONES SEXUALES Y DE GÉNERO

Imagen de portada Parte de la pintura *Polimorfismo* (2023) de la serie "Las máscaras del Inconsciente". Técnica: acrílico y tinta sobre tela - 0,70 cm x 0,80 cm. Autora: Carla Tomllenovich. Artista plástica, Licenciada en Psicología (UNC), Analista en formación (APC).

EDITORIAL

31. Para una mayor apertura en la escucha

Adriana Pontelli y Ana Valeska Maia Magalhães

En el libro *Las malas*, la escritora argentina Camila Sosa Villada crea una narración autobiográfica con tintes de realismo fantástico y lenguaje poético. Su prosa nos introduce en la historia de un travesti que abandona una vida de campo marcada por los conflictos familiares para empezar de nuevo en Córdoba. Uno de los lugares favoritos de la ciudad es el Parque Sarmiento, frecuentado por un grupo de travestis que se reúnen para enfrentar la violencia cotidiana que atraviesa el mundo LGBTQIAPN+. El libro revela la pérdida, el dolor, la esperanza, nos toma de la mano y nos pone la lupa para ampliar nuestra mirada sensible a una realidad marginada que existe más allá de la ficción.

Diversas configuraciones sexuales y de género es el tema actual de Conexión Fepal. Como en ediciones anteriores, nuestro equipo editorial apuesta por la fertilidad de los diálogos con otros campos de producción de conocimiento. En esta dinámica, imágenes y palabras componen una red que convoca nuevas conexiones, invita a mirar el mundo en su carácter cambiante, tensionando lo que ha sido introyectado por el tejido de la cultura como convención. Si el psicoanálisis abrió camino con la bisexualidad psíquica y la sexualidad perversa polimorfa, ¿qué nuevos pasos deberíamos dar actualmente?

La portada de esta publicación presenta un detalle de la obra *Polimorfismo* perteneciente a la serie "Las máscaras del inconsciente" (2023), de la artista Carla Tomllenovich, también psicoanalista en formación (APC). La diversidad y superposición de planos, la representación en la pintura donde se pueden imaginar otros cuerpos y sujetos, el colorido multifacético, el deseo. En su trayectoria la artista ha ido agudizando la percepción del sufrimiento ajeno, explorando inicialmente el tema de los inmigrantes, más tarde con elaboraciones estéticas de cuerpos fragmentados y rostros deformados. Ella experimenta continuamente, reinventa texturas y aumenta los aspectos sensoriales de su obra. Con el psicoanálisis, dice, "el impacto del inconsciente produjo un nuevo estallido en mis pinturas y la apuesta se jugó en un fuerte diálogo entre la imagen, el inconsciente, el contexto y el otro / los otros". El arte es una invitación, una dirección. La eficacia de la imagen reside en la agudización de la mirada, en el hallazgo de una ventana abierta para la sorpresa de darnos cuenta de que lo que vemos, al fin y al cabo, nos está mirando.

Cuatro *Perspectivas* iluminan el tema de esta edición. Tres de ellas destacan la necesaria revisión del marco teórico psicoanalítico para repensar y alojar en nuestra clínica las diversas configuraciones sexuales y de género que reclaman ser escuchadas. El interrogante de Natalia Mirza Labraga – en su artículo *La sexualidad vuelve a interpelar al psicoanálisis* – resulta una provocadora invitación a pensar: "¿Estaremos preparados para reinventar nuestras formulaciones sin perder el potencial subversivo con el que surgieron, y sin perder su capacidad heurística dentro del propio psicoanálisis?" Con sólidos argumentos presentados en el trabajo *Psicoanálisis y género: escuchar las disidencias y crear una nueva epistemología*, Mariana Pombo subraya la importancia de adoptar una perspectiva histórica de la diferencia sexual, y de revisar las marcas patriarcales, coloniales y heteronormativas en el abordaje de las experiencias de disidencia y de mutación. José Galeano va en esta misma dirección. El autor de

Apuntes sobre las configuraciones sexuales y de género diversas propone "ampliar el concepto de diferencia como acceso al campo simbólico y de los lazos sociales, [y así] ubicar dentro del campo de la diversidad lo que estaba inserto en el campo de la psicopatología". Esta sección culmina con el escrito de Mónica Santolalla titulado *De lógicas, espacios y tiempos yuxtapuestos.* Sexualidades diversas. En el corazón del texto late con fuerza una idea que la autora articula con su clínica: "la convivencia yuxtapuesta de identificaciones fragmentarias, heterogéneas, contrapuestas no se resuelven unas por otras, sino que buscan, amarradas al deseo, una convivencia que implica duelos, pérdidas (...) sin que sea necesario o posible ninguna integración".

En el texto de *Intersecciones* titulado *¿No(s) hemos ido demasiado lejos? Provocaciones en torno al lenguaje inclusivo*, Luciana Almada y Facundo Boccardi – especialistas en Comunicación Social –, retoman el panorama de la Revolución Francesa y el gesto político de la activista Olympe de Gouges, que fundamentó el lenguaje inclusivo en su crítica al androcentrismo. Sin embargo, procuran "suscitar la reflexión más que citar manuales de estilo". En este sentido, instigan a un pensamiento de "desaprender las formas de producir conocimiento", basado en la "tarea continua y siempre en movimiento de construir (y nombrar) otros mundos (im)posibles". ¿Qué estrategias tenemos para enfrentarnos al pánico lingüístico que insiste en el binarismo? ¿Cómo podemos "inventar otros usos imaginativos que no solo estén vinculados a las palabras, sino también a lxs cuerpxs y a los placeres"?

En la sección *Conversaciones* presentamos un nuevo episodio del proyecto "En Lengua Viva: Fepal Hoy". En esta ocasión el diálogo mano a mano con la actual Directora del Consejo Profesional de Fepal, María Pía Costa Santolalla (SPP), nos permite conocer un poco más sobre las funciones de esa área, las acciones realizadas y las propuestas a futuro en relación con el desarrollo profesional, la preservación de la ética, y la generación de un espacio para pensar con otros colegas los desafíos que enfrentamos en el ejercicio de nuestro oficio.

En *Marcadores de Calibán* Samantha Nigri nos invita a navegar por artículos – publicados en la revista – de autores latinoamericanos que se han sumergido en las profundas aguas y en el misterio "de las sexualidades que se nos imponen, en un continuo rehacerse".

Esperamos que estos interesantes aportes lleguen a ustedes, enriquezcan el pensamiento, amplíen las miradas y contribuyan a una mayor apertura en la escucha.

PERSPECTIVAS

32. La sexualidad vuelve a interpelar al psicoanálisis

Natalia Mirza Labraga

Más allá de las diferentes filiaciones teórico-clínicas en las que nos podamos inscribir, la sexualidad sigue funcionando como un nudo que resiste a la dilución y que, entramado con la concepción de inconsciente, pone en marcha al psicoanálisis y a nuestra práctica como analistas. Sin embargo, en el contexto actual, la sola referencia a las configuraciones sexuales y de género diversas, ya nos está alertando acerca de una mutación, que también es controversia, punto de discusión abierto.

Desde nuestras prácticas cotidianas como analistas, pero también desde nuestra inserción en la polis y en la cultura, nos atraviesan estos ¿nuevos? interrogantes y no podríamos ubicarnos en una posición de exterioridad con respecto a las formas en que los erotismos, las pasiones, las prácticas sexuales y los posicionamientos identitarios en torno al género se presentan en la contemporaneidad, porque ellos inauguran zonas inauditas no sólo de la experiencia subjetiva, sino también de la teorización psicoanalítica.

Si es que Freud, o determinado sesgo de su obra, atribuyó para la diferencia sexual la supremacía de la anatomía, él mismo también la pudo reformular desde la fuerza de la pulsión y su puesta en marcha a partir de las marcas del otro/Otro y su deseo inconsciente. Es asimismo indiscutible que algunos de sus planteos, como la universalidad del falo para hombre y mujer, la constitución psíquica bisexual o la concepción de masculinidad y femineidad como construcciones teóricas de contenido incierto, siguen teniendo un carácter inaugural revolucionario a la hora de señalar la apertura con respecto a estos temas.

Sin embargo, la necesidad de una revisión es ineludible, porque de nuestros binarismos hombre/mujer, fálico/castrado, homosexual/heterosexual, a la impugnación de las categorías y la defensa por la ambigüedad del "género fluido" o la transexualidad, el golpe es fuerte y el recorrido es largo. Del cuerpo anatómico como un real y la diferencia hombre/mujer como límite o punto de partida inapelable, al cuerpo como pura construcción cultural o efecto performativo, ¿dónde ubicarnos?

Efectivamente, no se trata de eludir las difíciles encrucijadas de los desarrollos teórico-clínicos psicoanalíticos en torno a la noción de género, diversidad y diferencia, castración y Edipo, entre otros, sino, justamente, de intentar abordarlos sin dejar de preguntarnos: ¿puede haber lugar para un intento de pensar en profundidad, en términos metapsicológicos o de funcionamiento psíquico estas situaciones complejas, sin caer en categorías psicopatologizadoras y sin perdernos en abstracciones modélicas universales, por momentos cargadas de juicio de valor?

Psicoanalistas convocados a escuchar

Las disidencias sexuales, los que no se ajustan al canon, los que reclaman ser escuchados desde lugares no moralizadores ni psicopatologizadores, han dirigido severas críticas a un tipo de psicoanálisis ubicado con frecuencia en un lugar normativo y descalificador. Esa es una denuncia que tenemos que escuchar.

Resulta fundamental contextuar, además, que se trata de movimientos reactivos que generalmente irrumpen desde lo insoportable de las subalternidades, de los que han sido descartados y tomados como desviación o desecho, desde el "monstruo que nos habla",[1] como señala Paul Preciado, como impugnación que se grita desde un lugar activo de oposición militante a las posturas dominantes de siglos de patriarcado, falocentrismo y falogocentrismo. Entonces, más allá de la dimensión personal, estamos frente a un posicionamiento que además es político (individual o colectivo, pronunciado o silencioso). Una rebelión que involucra también el lenguaje mismo no sólo en su valor significante, sino como demarcación por la que se vehiculiza el poder hegemónico.

Y el surgimiento del psicoanálisis, justamente, está en íntima relación con esa posibilidad de rebelión frente a la opresión de discursos subalternos asfixiados – como lo eran los de los cuerpos hablantes de las mujeres histéricas, que se hicieron oír en su padecimiento. Sin embargo, también es cierto que no podemos quedarnos en ese punto de origen, sino que necesitamos expandir y repensar las formas siempre renovadas de opresión, padecimiento, deseo y goce. Y si bien los procesos de construcción subjetiva, desde la inmersión violenta en el lenguaje y la división radical por el inconsciente, suponen de por sí una inscripción traumática de prohibiciones y deseos en los cuerpos, ello no acontece sin atravesamientos sociopolíticos y económicos, que marcan a algunos de ellos como "anormales" y excluidos. Y que también necesitamos pensar acerca de las nuevas formas de opresión y violencia que crea la sexualidad; en situaciones de abuso, de destrato e incluso de muerte, conjugadas con un erotismo sin "elaboración" o amarras libidinales.

---

1 La alusión es a las palabras de Paul B. Preciado (que es también el título de su último libro) en intervención en las Jornadas N°49 de l'Ecole de la Cause Freudienne, Mujeres en Psicoanálisis, de noviembre 2019.

Desde estas remociones, deberíamos poder preguntarnos: ¿qué revisiones y mutaciones esperan a nuestras conceptualizaciones y nominaciones psicoanalíticas? ¿Estaremos preparados para reinventar nuestras formulaciones sin perder el potencial subversivo con el que surgieron y sin perder su capacidad heurística dentro del propio psicoanálisis? Por supuesto que no se trata de convertir al psicoanálisis en una plataforma de activismos porque hay una disyunción que es evidente: el terreno de las luchas y las reivindicaciones políticas no es el mismo que el de la reflexividad conceptual, ni tampoco el de la intimidad del erotismo o de la sesión de análisis. Y si bien todos están ineludiblemente entrelazados, hay aspectos que atañen a la escena transferencial en donde analista y analizando parecen estar fuera del tiempo y del espacio. De todos modos, la posición incómoda y en permanente ejercicio de recuperación de la función analítica, siempre abstinente pero implicada y situada en su contexto de enunciación, también exige que no se haga oídos sordos a un tipo de sufrimiento que proviene desde la condición de subalternidad y la discriminación, reduciendo sus manifestaciones a la queja neurótica o a los fantasmas individuales.

El desafío sería justamente el de poder escuchar y acusar el golpe, sin perder el compromiso y el entusiasmo con respecto a nuestra práctica como analistas, que no puede sino estar en relación con la ética de la verdad del inconsciente. Porque, si la sexualidad nos hace pensar, hablar y discutir con esta intensidad es porque continúa resultando en sí misma un enigma insondable e irresoluble; porque conlleva una opacidad que no se puede soslayar sino, en todo caso, bordear en la pequeña escena única y siempre renovada – aún en la repetición – de un encuentro transferencial. Aceptar ese límite sería a la vez, condición y apertura a nuevas preguntas y revisiones, reinventando tanto los términos como nuestra propia tarea, para seguir "estando" psicoanalistas.

33. Psicoanálisis y género: escuchar a las disidencias y crear una nueva epistemología

Mariana Pombo

En la época contemporánea, presenciamos revoluciones y transformaciones importantes en las relaciones entre los géneros, en las identificaciones de género, en las experimentaciones corporales y sexuales, y también en las formas de ejercer la parentalidad. Los binarismos sexuales y de género, los roles atribuidos a mujeres y hombres en la sociedad y en la familia, la estructura familiar nuclear y el presupuesto heterosexual del parentesco han sido puestos en aprieto, tanto por los movimientos políticos como por los cambios sociales, morales y científicos que se vienen produciendo desde la segunda mitad del siglo XX.

En este contexto, los cuerpos disidentes del régimen de la diferencia sexual toman la palabra y se dirigen, sin exclusión y directamente, a nosotros, psicoanalistas. Esto es lo que hizo el filósofo *queer* Paul B. Preciado en noviembre de 2019 en una conferencia en la Escuela de la Causa Freudiana, en París, conferencia que fue ampliamente comentada en nuestro medio psicoanalítico y que al año siguiente se publicó como libro, titulado *Yo soy el monstruo que os habla*, y dirigido a los psicoanalistas.

En esa ocasión, Preciado (2020) afirmó que la epistemología de la diferencia sexual está en crisis, en mutación. ¿Qué significa que la diferencia sexual esté cambiando? Y, además, ¿de qué manera esta crisis anunciada nos interpela, como psicoanalistas, y exige revisiones de nuestra teoría y de nuestra práctica clínica? En primer lugar, este anuncio trae consigo una premisa fundamental, que, aunque aparentemente obvia, debe ser enunciada, porque aún suscita muchas resistencias en el campo del psicoanálisis: es la premisa de que la diferencia sexual puede cambiar, es mutable, y, además, que esa mutación es positiva, importante, debe ser acogida por nosotros, y debería animarnos a repensar el propio psicoanálisis como discurso y práctica.

En otras palabras, al argumentar que la diferencia sexual está cambiando, nos alejamos de una comprensión estructuralista de la diferencia sexual, defendida por autores como Françoise Héritier (1996), que entiende la división binaria y jerárquica entre los sexos (masculino y femenino) como el fundamento de lo humano y de la cultura, una categoría insustituible, a la que no se puede renunciar, y cuyo más mínimo cambio o es imposible o es una gran amenaza para el orden simbólico y la buena subjetivación.

En contraste con la comprensión estructuralista, teóricos *queer* como Preciado (2002, 2020) y Judith Butler (1990/2013, 1993/2019) proponen que adoptemos una perspectiva histórica, es decir, que entendamos la diferencia sexual como una epistemología históricamente construida, como un dispositivo histórico, en el sentido que Foucault (1976/2013) imprime al término cuando habla de un dispositivo de la sexualidad, o como una máquina performativa: de tanto desempeñar papeles masculinos y femeninos en nuestros rituales cotidianos, producimos la ficción de que hay, y siempre hubo, dos géneros y dos sexos con atributos específicos.

Adoptar esta perspectiva que piensa la diferencia sexual como una categoría histórica nos abre a dos posibilidades interesantes. La primera es hacer una genealogía de esta epistemología, mostrando las marcas patriarcales, coloniales, cis y heteronormativas que acarrea, y cómo esta puede ser violenta y excluyente con las disidencias sexuales y de género, como, por ejemplo, las personas trans o las que se reconocen como de género no binario, las familias minoritarias, y todos aquellos que no encajan en los esquemas de inteligibilidad producidos por ese paradigma.

La segunda es abrazar la idea de la mutación, la posibilidad de que esta epistemología sea sustituida por otra, no binaria, no jerárquica, multiforme, en la que la diferencia sexual, vista como la diferencia de las diferencias, dé lugar a una multiplicidad de diferencias. Preciado (2020) nos convoca al movimiento de acoger la mutación y de comprometernos con la creación colectiva de esta nueva epistemología, después de criticar que el psicoanálisis continúa partiendo del paradigma, binario y jerárquico, de la diferencia sexual para analizar los nuevos procesos de subjetivación, y acaba, de esa manera, reafirmando relaciones y posiciones relativas al sexo y al género inscritas en una época histórica específica, patriarcal y machista. Inclusive, por ese motivo, el autor llama al psicoanálisis ciencia del inconsciente patriarcal-colonial.

Y esta posición también termina considerando como abyecto, no humano, a todo aquel que no se conforma o transgrede ciertas "leyes" consideradas estructurantes del psiquismo, a todo aquel que no asume las posiciones sexuales "previstas". Cuando Preciado (2020) se dirige a nosotros, psicoanalistas, diciendo que es un monstruo que nos habla, también está denunciando que las personas trans, como él, por ser disidentes de ese régimen de la diferencia sexual, son colocadas en la jaula de la monstruosidad, y patologizadas por muchos psicoanalistas: se los llama psicóticas, fuera del sexo, incapaces de resolver el Edipo, etc.

De esta manera, la provocación consiste en que reconozcamos que las viejas normas de género e incluso ciertos dispositivos teórico-clínicos del psicoanálisis, como la primacía del falo, el complejo de Edipo, ciertos binarismos y jerarquías (masculinidad vs. feminidad, función paterna vs. función materna), están desfasados y necesitan ser cuestionados y renovados. Por otro lado, también es una invitación para que escuchemos las experiencias de disidencia y de mutación, aprendamos de ellas y creemos nuevas posibilidades de teoría y escucha psicoanalíticas que acojan particularidades de género, sexuación, sexualidad, cultura y raza (Ayouch, 2019). Por supuesto, no se trata de invalidar el poder subversivo del psicoanálisis, sino de enfatizar que muchos conceptos tienen una inscripción histórica específica y necesitan ser repensados en la actualidad, para que esa potencia sea aprovechada al máximo. Esto es para que no seamos lo que el psicoanalista Michel Tort (2019) llama psicoanalistas ventrílocuos: psicoanalistas contemporáneos que, ante lo nuevo, siguen repitiendo conceptos psicoanalíticos antiguos, como si fueran universalmente válidos, como si existieran fuera de la historia...

Referencias

Ayouch, T. (2019). *Psicanálise e hibridez: gênero, colonialidade, subjetivações.* Calligraphie.

Butler, J. (1990/2013). *Problemas de gênero: feminismo e subversão de identidade.* Civilização Brasileira.

Butler, J.. (1993/2019). *Corpos que importam: os limites discursivos do "sexo".* N-1.

Foucault, M. (1976/2013). *História da sexualidade 1: a vontade de saber.* 23 ed. Graal.

Héritier, F. (1996). *Masculin/Féminin I: la pensée de la différence.* Odile Jacob.

Preciado, P. (2002). *Manifiesto contrasexual.* Opera Prima.

Preciado, P. (2020). *Je suis un monstre qui vous parle.* Grasset.

Tort, M. (2019). *Las subjetividades patriarcales*: Un psicoanálisis inserto en las transformaciones históricas. Topía Editorial.

34. Apuntes sobre las configuraciones sexuales y de género diversas

José Galeano

Este 35° Congreso Latinoamericano de Psicoanálisis que será en Río de Janeiro en octubre de 2024, tiene como propuesta *"Intolerancia, fanatismo y realidad psíquica"*, un tema convocante en medio de un mundo convulsionado, con una exacerbación de discursos y prácticas de violencias e intolerancias al otro, al diferente, entre los que podemos ubicar aquellos/as con configuraciones sexuales y de género diversas.

La propuesta es, desde el interior del Psicoanálisis, revisar cuáles son nuestros posicionamientos teóricos y clínicos frente a este tema, cuánta receptividad ofrecen nuestros dispositivos psicoanalíticos a la diversidad sexual y de género.

Mi planteo es que, para que un *Psicoanálisis latinoamericano contemporáneo* esté a la altura de la época, se tiene que realizar un proceso de revisión y deconstrucción de aquellos pensamientos que quedaron atados a modos socio-históricos patriarcales y heteronormativos.

La diversidad de los existenciarios sexuales y de géneros nos invita a reflexionar sobre el valor asignado a la *diferencia sexual* como determinante primario y fundamental de la constitución del sujeto y su equiparación con la diferencia simbólica. Como expresa Blestcher:

> *que la diferencia de sexos haya sido el parámetro que, en el contexto de las relaciones familiares del siglo XX, vertebró el sistema de bipartición de géneros y sus asimetrías posicionales, no es equiparable al reconocimiento de la alteridad ni identificable como piedra angular de todo orden simbólico (2017, p. 42).*

Por lo tanto, uno de los elementos a revisar dentro de nuestro corpus teórico es la *diferencia sexual* como única diferencia posible, y proponerla más bien como una de las diferencias, pero no la única. Ampliar el concepto de diferencia como acceso al campo simbólico y de los lazos sociales, como lo enuncia Glocer Fiorini (2015), sería una propuesta, pues la cuestión pasa por el reconocimiento del otro como semejante. Esta idea nos permite ubicar dentro del campo de la diversidad lo que estaba inserto en el *campo de la psicopatología*, como la homosexualidad asociada a la perversión, y los existenciarios trans asociados a la psicosis.

En relación con la homosexualidad, encontramos en la pluma de Bleichmar (2005) un comprometido trabajo de redefinición de la perversión como un modo de relación con el otro, que desubjetiva y desmiente la castración como desestimación del límite, que implica para el propio goce la presencia del otro ser humano. Deja claro con esta definición que la homosexualidad no es una categoría que aluda a la perversión sino a un modo de elección de objeto amoroso.

Este mismo camino de revisión corresponde a los existenciarios trans, que es aún más resistido dentro del Psicoanálisis. Para realizar este camino pienso que tenemos un trabajo arduo de cuestionamiento del binarismo aún vigente, y de la patologización de toda posición genérica que no se ubique en las clasificaciones de la masculinidad o feminidad convencionales. Implica no dar por sentado que las identidades trans son fallas de la constitución psíquica. De esta manera se podría enunciar que las formas de ejercicio de la sexualidad o los posicionamientos identitarios no definen por sí mismos la estructuración psíquica, ni la eventual psicopatología.

En esta línea de pensamiento, cabe mencionar también otro elemento para pensar el campo de la diversidad sexual y de género: El closet (el armario), como un fuerte dispositivo de regulación de la vida social que actúa sobre las sexualidades, los deseos y los cuerpos disidentes y participa en los procesos de subjetivación, generando padecimientos psíquicos específicos (Tajer, 2020). Entender y comprender la experiencia del closet en personas LGTBQ+ nos abrirá un lugar de escucha que habilitará a las personas o pacientes expresar experiencias que no han podido ser narradas antes.

El Psicoanálisis tiene una deuda con la diversidad ya que no siempre ha ofrecido hospitalidad. Como expresa Reitter:

> *que la teoría analítica se desprenda del lastre homófobo (y yo diría transfóbico también) que contiene, depende exactamente de lo mismo de lo que depende el destino de cada análisis: de que los analistas se dejen interrogar, de que escuchen lo que los analizantes tienen para decir en lugar de aferrarse religiosamente a la teoría, por más interesante, valorada y atesorada que sea (2018, p. 34).*

Pienso que nuestra tarea es abrirnos al intercambio de pensamientos nuevos que nos permitan mantener vivo el psicoanálisis, y que de esa manera nuestra escucha pueda seguir alojando el sufrimiento humano en su diversidad y, al decir de Bleichmar (2005), que seamos dignos para nuestro tiempo y que nuestros escritos sean honestos y avanzados para la época que nos toca vivir.

Referencias

Bleichmar, S. (2005). "La sexualidad a cien años de los Tres Ensayos". *Cien años de sexualidad* (Año 3, número 3).

Blestcher, F. (2017). "Infancias trans y destinos de la diferencia sexual: nuevos existenciarios, renovadas teorias". *Psicoanálisis y género: Escritos sobre el amor, el trabajo, la sexualidad y la violencia.*

Glocer Fiorini, L. (2015). *La diferencia sexual en debate: cuerpos, deseos y ficciones.* Lugar Editorial.

Reitter, J. (2018). *Edipo gay. Heteronormatividad y psicoanálisis.* Letra viva.

Tajer, D. (2020). *Psicoanálisis para todxs: Por una clínica pospatriarcal, posheteronormativa y poscolonial.* Topía Editorial.

35. De lógicas, espacios y tiempos yuxtapuestos: sexualidades diversas

Mónica Santolalla

En las últimas décadas del siglo pasado y desplegado francamente en este siglo se hizo evidente en el cine, en las pinturas urbanas, en las comunicaciones masivas que las narrativas desafían la cronología, para abrirse paso a una infinidad de mundos fragmentarios y discontinuos.

Recuerdo en el 2010 en Argentina una propaganda de cerveza festejaba el Bicentenario de la República superponiendo los tiempos y otorgando vida posible a ese intersticio entre los mismos: los tiempos de la revolución de mayo con los actuales. La propaganda tiene un sentido posible en tanto se conoce la historia de mi país, mientras que para aquellos que desconocen la historia, probablemente los significados sean otros. Los invito a ver la publicidad en el enlace al pie de página, seguramente emerjan una pluralidad de traducciones.

Esta comunicación masiva me permite abrir un camino posible para introducirme en unas ideas que fueron madurando en mi clínica y que mis pacientes trans han colaborado sobremanera: *la convivencia yuxtapuesta de identificaciones fragmentarias, heterogéneas, contrapuestas, que no se resuelven unas por otras, sino que buscan, amarradas al deseo, una convivencia que implica duelos, pérdidas e intenta la mayoría de las veces ser pacífica y productiva en su conflictividad sin que sea necesario o posible ninguna integración.*

Les propongo poner a trabajar estas ideas desde algunas perspectivas.

Movilizar las identificaciones: "Que mi hijo no tenga que militar su vida..."

"Celeste, referente de la comunidad trans en Córdoba, está a punto de ser mamá, junto a su pareja, Matías, varón trans con quien convive desde hace algunos años. Ambos están muy ilusionados pues fue una gestación buscada en un proceso en el que ambos debieron dejar sus procesos de hormonación.

A la pregunta: "¿Qué soñás para tu hijo?", lo primero que dice Celeste es: "Que no tenga que militar su vida como me tocó a mí. Que se preocupe por las pruebas y no por a qué baño entrar en la escuela o que no tenga que estar sufriendo si a alguno de sus compañeros no lo dejan juntarse con él por tener padres trans" (s/a, 2019).

"Militancia" es una palabra derivada del latín *militaris* (Corominas & Pascual, 1991-1997) utilizada como sustantivo o adjetivo, para designar un esfuerzo referente a la guerra, sus ataques o defensas. La militancia nos remite a lugares donde habitan las identificaciones, aun cuando es imposible sostener que tales o cuales identificaciones puedan ser verificadas.

En mi clínica la militancia es hospedada de manera bastante privilegiada tratando de ubicarla en diversas escenificaciones fantasmáticas que como sugería Laplanche y Pontalis (1986) no son objetos de deseo, sino que constituyen el escenario para el deseo, "escenificación y dispersión del sujeto en una variedad de posiciones identificatorias". Estos escenarios o ambientaciones pueden darse, a condición de que se haya perdido irremediablemente el objeto original y en consecuencia las fantasías que sostienen las identificaciones puedan emerger, en palabras. En la clínica, aparecen fantasías que recusan los mandatos identificatorios y que requieren espacio y tiempo para que salgan del mutismo.

Las identificaciones no son metas terapéuticas a alcanzar, son espacios subjetivos que requieren ser puestos a trabajar para que no queden fijos, encriptados, de tal manera que permitan cierto desapego identificatorio. No por ello estoy justificando la hetero-normalización, en este sentido es imperioso que el analista sea cuidadoso de su propia ideología psicoanalítica.

Diversidad y diferencia: "Me llamo Flor, pero no olvido al Valen"

Conocí a Valentín cuando ya había comenzado el proceso de hormonación y fue durante el análisis que fue emergiendo la construcción de Florencia.

Ambos nombres, asignado y elegido, fluyeron en el análisis hasta el momento en que Florencia comienza a desvestirse de Valentín, y la transición, motorizada a base de estrógenos, progesteronas y deseo, va posicionando a Florencia. Estas migraciones estaban presididas por angustias múltiples, fuerzas heterogéneas que eran irreductibles a una única identidad, lengua, cultura o nombre. Lo uno era lo perdido.

Mientras las hormonas hacían su trabajo en la voz, la sonoridad iba mutando. Al comienzo de cada sesión, el tono de las primeras palabras pronunciadas norteaba, cual brújula, si hablaría prioritariamente ese día con Valentín, Florencia, ambos o ninguno.

Sin embargo, la experiencia trans, de cruce, es nómade y la brújula sonora fue dejando de ser efectiva, a medida que la deconstrucción de la voz se profundizaba mutando en nuevas sonoridades. "Me llamo Flor, pero no olvido al Valen" repetía. Florencia emergió del cuerpo de Valentín, firmó el consentimiento para la partida de nacimiento, con nuevo nombre legalizado en un nuevo documento nacional de identidad. Por esos tiempos el lapsus hizo su emergencia, pero no del lado del paciente, sino del lado del analista. Valentín era nombrado en la voz de la analista, quien tropezaba con las revoluciones invisibles, las transformaciones sin fecha de comienzo o de caducidad que Florencia atravesaba. En la clínica, cargando con mis lapsus, me observé confrontada con mis prejuicios, mis límites ideológicos y mis marcas heteronormativas: el trabajo de la desidentificación forma parte del devenir del paciente, pero también del analista.

Muchas veces, de manera coloquial, lo diverso y lo diferente es utilizado de manera indistinta. Ambos son conceptos polisémicos, son lógicas paralelas, heterólogas, pero no son lo mismo, comparten, sin embargo, la función de ser constitutivas de las subjetividades.

Entre la diferencia y la diversidad se abre un campo ambiguo pero fecundo, al punto que, en una época Laplanche llegó a preguntarse si se justificaba todo el ruido que hacía alrededor de los términos diferencia y diversidad (Laplanche, 2003).

Esta diferenciación nos abre las puertas a la complejidad del trabajo subjetivo de admitir que las restricciones profundamente arraigadas pueden plantearse en términos de límites simbólicos, presiones simbólicas que se ejercen sobre el devenir sexuado, siempre indócil y disconforme.

Si acordamos que la subjetividad se constituye en colisión y superposiciones heterogéneas, podemos pensar entonces que, las presentaciones cambiantes de la sexualidad, no son necesariamente un ataque a un determinado orden simbólico, tal como lo sostuvo Balandier (1988), retomado luego por Leticia Glocer (2015).

Las configuraciones sexuales y las configuraciones de género son configuraciones diferentes, en este sentido no son diversas, ya que la diversidad alude a derivas variadas de un mismo punto de partida. La diversidad la encontramos en cada una de las configuraciones identificatorias. Es en este punto, precisamente, donde se nos plantea la idea de *lógicas, espacios y tiempos yuxtapuestos*.

Referencias

Balandier, G. (1988). *El desorden. La teoría del caos y las ciencias sociales*. Gedisa.

Corominas, J. & Pascual, J. A. (1991-1997). *Diccionario crítico etimológico castellano e hispánico*. Gredos.

Diario *La Voz del Interior* (13 de octubre 2019). Recuperado de: https://www.lavoz.com.ar/ciudadanos/una-segunda-familia-para-nineces-trans/

Glocer Fiorini, L. (2015). *La diferencia sexual en debate: Cuerpos, deseos y ficciones*. Lugar Editorial.

Laplanche, J. (2003). *Castración. Simbolizaciones: problemáticas II*. Amorrortu.

Laplanche, J. & Pontalis, J-B. (1986). "Fantasy and the origins of sexuality". In Burgin, V.; Donald, J.; Caplan, C. (ed.). *Formations of Fantasy*. Methuen.

Publicidad Quilmes Bicentenario argentino (2010). Recuperado de: https://youtu.be/d_e4pohmwoo?si=wgP20QcvTpJT4svB

INTERSECCIONES

36. ¿No(s) fuimos demasiado lejos? Provocaciones en torno al lenguaje inclusivo

Luciana Almada y Facundo Boccardi

> *La transformación de las relaciones económicas no basta. Hay que llevar a cabo una transformación política de los conceptos claves, es decir, de los conceptos que son estratégicos para nosotras. Porque hay otro orden de materialidad que es el del lenguaje, un orden que está trabajado de arriba abajo por estos conceptos estratégicos. Este orden, a su vez, está directamente conectado con el campo político en el que todo cuanto atañe al lenguaje, a la ciencia y al pensamiento, remite a la persona en cuanto subjetividad, y a su relación con la sociedad. Y ya no podemos dejárselo al poder del pensamiento heterosexual o pensamiento de la dominación (Monique, 2006).*

Hace algunos años, Gabriel Giorgi se preguntaba "¿Qué podemos aprender de esta escalofriante aceleración de violencias y lenguajes que, desde Brasil, y bajo el nombre "Bolsonaro", está sacudiendo toda la región?" (Giorgi, 2018). La interpelación adquiere una sospechosa actualidad en nuestro contexto y la excusa de este ensayo nos permite, más que afirmar, volver interrogante su sentencia final: ¿No(s) fuimos demasiado lejos?

El día que Olympe de Gouges inventó el lenguaje inclusivo

Aún no existía el feminismo tal como lo conocemos, pero podemos identificar un gesto profundamente político y revulsivo que funda una crítica al androcentrismo lingüístico que todavía permanece vigente. En 1791, Olympe de Gouges redactó la *Declaración de los Derechos de la Mujer y de la Ciudadana* produciendo una potente acción de política lingüística que le terminará costando la vida.[1] Con ese gesto, Olympe ponía en cuestión el alcance universal del término "hombre" inscrito en el texto fundamental de la Revolución francesa – la *Declaración de los Derechos del Hombre y del Ciudadano* – y, así, denunciaba que todas las mujeres se encontraban excluidas de tales derechos. Esta lucha por la equidad "formal" entre varones y mujeres luego será retomada y profundizada en aquellas corrientes reconocidas como "feminismos de la igualdad".

En las coordenadas actuales, podemos sentir que a este hecho le falta radicalidad porque sigue manteniendo la legibilidad de la estructura binaria, sin embargo, la operación de Olympe se encuentra, indudablemente, entre las condiciones de posibilidad de las contiendas actuales.

1 Dos años después, Olympe Gouges fue condenada a muerte y guillotinada en París por los revolucionarios franceses.

Creatividad erótica del lenguaje, ¿o de la lengua?

Si las políticas de conocimiento son políticas sexuales, los debates en torno al lenguaje inclusivo nos invitan a pensar cómo el trabajo intelectual, en un sentido ético-político-activista-académico-afectivo, puede ser un modo de lucha a favor de la justicia erótica, al decir de Gayle Rubin (1989). Una manera creativa/reactiva de expandir/dilatar el lenguaje (pedagógico) como actividad erótica y teórica.

El texto que compartimos pretende agitar el pensamiento, más que citar manuales de estilo. Una contaminación/contagio/infección entre los saberes y prácticas de "eso" que no sabemos cómo abordar, nombrar, escribir/inscribir en el lenguaje, cómo teorizar, pronunciar, visibilizar. Ya en el 2018, val flores nos hacía preguntas a propósito de imaginar las políticas de la lengua (¿o el lenguaje?):

> ¿Qué vocabularios usamos y qué gramáticas producimos en nuestros discursos, prácticas y silencios dentro de un espacio institucional que promueve la estandarización e higienismo del lenguaje pedagógico, apagando su potencial poético, político y estético? ¿qué escrituras educativas sacuden la gestión técnica de la palabra y su racionalidad instrumental que sigue aniquilando nuestras vidas como tortilleras, intersex, maricas, locas, travestis, trans, bisexuales, mujeres, chongas,[2] géneros fluidos, borrando las memorias de nuestras luchas y silenciando los saberes construidos en el callejeo de nuestras disidencias?

En la dis-puta ligada a des-aprender los modos de producir conocimiento, desde/en las instituciones y a contrapelo de la corriente de las personas, en las aulas, en los museos, en las casas, en las calles y en las camas, entendemos este debate no como propiedad de lingüistas o especialistas en los "usos correctos según la RAE", sino como la tarea

---

2 La palabra "chonga", utilizada en Argentina, suele referirse a la masculinidad lésbica, pero no se reduce a eso. (Cf. Tron & flores, 2013).

continua y siempre con-movedora de construir (y nombrar) otros mundos (im)posibles.

No somos (tan) ingenuxs. Sabemos que vivimos en un medio hecho de/por normas (las etiquetas, los estereotipos y los diagnósticos), así conocemos el mundo y ahí se debaten no solamente juegos de saber-poder, sino toda una batería de sensibilidades que tejen lo social cotidianamente. La letra de la ley, otro ejemplo más que claro de qué hacen las palabras. El lenguaje, así entendido, no (solo) describe un mundo que lo precede, sino que (también) lo produce, lo prescribe. Este modo de conocer es sexuado, generizado y ordenado mediante mecanismos lingüísticos que distribuyen diferencialmente la inteligibilidad (Butler, 2007). En ese sentido, tal vez sea oportuno hacer un rastrillaje rápido de ese tránsito entre pensar alternativas de lenguaje no sexista o con perspectiva de género, a un des-borde que proponen estos debates sobre lenguaje inclusivo / incisivo / (im)propio / incómodo / irreductible / intraducible que no es otra cosa que la puesta en evidencia de que las cosas no estaban bien como estaban, no eran suficientes, y que habilitar esos desplazamientos (desestabilizar las formas hegemónicas de conocimiento), en una discusión crítica, intenta inventar otros usos imaginativos que no sólo están ligados a las palabras, sino a lxs cuerpxs y los placeres.

La lengua tiene claramente muchas capas, eso puede confundir. Además, sus usos son polivalentes. Por eso, puede resultarnos extraño que aquellas posiciones conservadoras que se levantaron enardecidas contra el desdoblamiento lingüístico (os/as) para blindar a la lengua ante la amenaza femenina, luego lo reivindicaron como un antídoto contra las propuestas que corroen los binarismos. El pánico lingüístico primero intentó proteger el masculino universal, ahora intenta mantener la estructura binaria, aunque tenga que subyugarse ante "todos y todas". Pero tal vez el debate se esté desplegando en varios niveles, quizás no se trate de una embestida racional, voluntaria y soberana contra la estructuralidad del cis-tema de la lengua, sino que *todes les chiques* (simplemente) hablan y escriben mostrando una vez, y otra vez, las fallas de la inteligibilidad. La lengua es una arena de luchas, pero su historia no sigue la línea recta de la emancipación progresiva ni obedece directamente a voluntades organizadas.

La lengua es de quien la trabaja

En un texto del 2020, Sofía Caballero Menas y Patricia Bandín explicitaban el vínculo problemático en el (ab)uso que los discursos en contra del lenguaje inclusivo hacen de la lengua de señas, al nombrarlo como el "verdadero" lenguaje de la inclusión. "Nada de nosotrxs sin nosotrxs", es uno de los lemas que la Comunidad Sorda repite a la hora de mostrar los diferentes modos de apropiación cultural, y la asociación al "lenguaje de señas" es incorrecta en varios sentidos. Por un lado, desconoce que es la lengua natural propia de una comunidad específica, no es universal y sus significantes se organizan en una materialidad viso-espacial (Caballero Menas & Bandín, 2022: 41). Por el otro, es un claro ejemplo de actitud *audista*: pese a la "buena voluntad" de una persona al promover el aprendizaje de la lengua de señas, desde un total desconocimiento y desde un lugar de supuesta superioridad, se habla en nombre de y se desconoce la agencia y la lucha de las Personas Sordas.

Siguiendo a Mauro Cabral (2011), esta herida en la página, esta irrupción de las grafías e, x, *, entre otras, que no se pronuncia, que salta fuera del renglón, que parece una estrella o un agujero, incomoda no por su forma, sino por su contenido. Es la sexualidad vuelta palabra, ese nudo que se ajusta cada vez que lo que se pierde o se vuelve difuso es la frontera que nos puede colocar en uno u otro casillero, cuando la demarcación sexo-genérica se vuelve fluido, líquido, saliva. Es la Educación Sexual Integral reclamada por lxs pibxs, la que se nos cuela en el debate. Como animales sexuados/sexuales que somos, el lenguaje inclusivo podría volverse un agujero para incluir el placer de/en la palabra, y no solamente la corrección política o una nueva normativa lingüística.

Coda

Se dice, hoy, que los tiempos que atravesamos son oscuros, que los feminismos han llegado demasiado lejos y que se avecina un futuro de descenso hacia la desgraciada pérdida de legitimidad. Algo de eso se respira en las calles. Podríamos pensar que los feminismos deben combatir la ignorancia de los conservadurismos con la claridad de pedagogías iluminadoras a favor de la inclusión. Pero quizás, como dijo Luce Irigaray (2007), no se trate de salir de la caverna sino de sumergirnos cada vez más en sus profundidades. Tal vez no tengamos que fundar nuevos protocolos que sean más justos, más claros y más inclusivos, sino embarrar esas lenguas, que también son cuerpos, en esa oscuridad que desdibuja los límites de las identidades.

Referencias

Butler, Judith (2007). El género en disputa. *El feminismo y la subversión de la identidad.* Paidós.

Caballero Menas, S. & Bandín, P. (2020).“¿Qué relación hay entre el lenguaje inclusivo y la lengua de señas argentina (LSA)?” *Lenguaje inclusivo: ¿cómo, por qué y para qué?* Recuperado de: https:/'ffyh.unc.edu.ar/publicaciones/2022/09/09/novedad-editorial-lenguaje-inclusivo-como-po r-que-para-que/

Cabral, M. (2011). "*Por qué el asterisco". *Página 12*. Recuperado de: https:/'www.pagina12.com.ar/diario/suplementos/soy/subnotas/2134-192-2011-09-30.html

flores, val. (2018). "La pregunta como sabotaje epistémico". *PRE-CONFERENCIA CLACSO 2018 - Pensamiento(s) del Sur: miradas epistémicas descentradas, en diálogo y en fuga*. Jornadas de diálogo y discusión interinstitucional. 23 y 24 de agosto de 2018. Ciudad Universitaria, Universidad Nacional de Córdoba. Recuperado de: http:/'escritoshereticos.blogspot.com/2018/08/la-pregunta-como-sabotaje-epistemico.html

Giorgi, G. (2018). "No fuimos demasiado lejos...recién empezamos a movernos". *Página 12*. Recuperado de: https://www.pagina12.com.ar/150953-no-fuimos-demasiado-lejos

Irigaray, Luce (2007). *Espéculo de la otra mujer*. Akal.

Rubin, Gayle (1989): "Reflexionando sobre sexo: notas para una teoría radical de la sexualidad". In Vance, Carol. *Placer y peligro: explorando la sexualidad femenina*. Revolución

Tron, F. & flores, v. (2013). *Chonguitas: masculinidades de niñas*. Neuquén: La Mondonga dark 2013. Disponible en https://www.bibliotecafragmentada.org/wp-content/uploads/2013/02/Chonguitas.-Masculinidad es-de-ni%C3%B1as.pdf

Wittig, Monique (2006). *El pensamiento heterosexual y otros ensayos*. Egales. p.127.

CONVERSACIONES

37. En Lengua Viva: Fepal Hoy Entrevista a María Pía Costa

Alicia Ángeles Ramírez

María Pía Costa, psicoanalista de SPP y directora del Consejo Profesional de Fepal (2022-2024).

El Consejo Profesional es un área dentro de la Comisión Directiva vinculada al cuidado tanto de los miembros federados como de la profesión”. Es una función prometedora, que necesita de nuestra participación para que se concreten estos objetivos. María Pía Costa Santolalla, Directora de esta área, desde Lima nos cuenta el trabajo que viene realizando con representantes de las asociaciones, generando un espacio de intercambio para conocer las realidades de los psicoanalistas de las diferentes regiones y sus necesidades. Amablemente ella nos recibió y nos contó sobre su propio acercamiento a esta área, su necesidad de adicionar a su trabajo en el consultorio, el trabajo en equipo y con diversidad latinoamericana dentro del Consejo Profesional.

Este ámbito es un espacio de construcción conjunta para la mejora de condiciones laborales y profesionales tales como la revisión de un código de Ética, la capacitación continua, los programas de becas para enfrentar los embates de la crisis económica, el apoyo ante situaciones tales como la migración o el retiro, las tensiones ante la polarización política de nuestra región. Conocer un poco más sobre el Consejo Profesional fue para nosotras una experiencia esperanzadora, deseamos que sea así también para ustedes.

Vea en el canal YouTube de Fepal.

MARCADORES DE CALIBÁN

38. Diversidad sexual y de género en Calibán

Samantha Nigri

Flectere si nequeo superas, acheronta movebo.

Si no puedo doblar a los dioses del cielo, moveré a los infiernos.

(Virgilio, *La Eneida*, VII, 312.)

Pensar, vivenciar, estudiar, escribir y hacer psicoanálisis son funciones que no necesariamente afectan a un mismo ser humano de forma simultánea. En todos ellas el concepto y el tema de la *sexualidad*, ampliados y revolucionados por Freud, tendrán un impacto.

Pero para aquellos que han pasado por una formación analítica y que se esfuerzan por psicoanalizar a las personas, cualquiera que sea su edad, las sexualidades con todas sus tramas que constituyen el sujeto humano, necesitarán ser tomadas en la dimensión de la cita de Virgilio, de la *Eneida*, que Freud utilizó, sorprendiendo y horrorizando al status quo de la época, al publicar el primer texto psicoanalítico *La interpretación de los sueños* (1900). No es casualidad que este y los *Tres Ensayos sobre la sexualidad* (1905), marcaron el comienzo de un cambio radical que culminó en sabernos marcados por el universo pulsional y, por lo tanto, desvinculados de cualquier destino fijo, inmutable y conservador. La sexualidad humana, por este sesgo, no está dada desde el comienzo de la vida. Ella tiene un hueco, un misterio, un lugar de lo que no se sabe.

La propuesta editorial de Calibán ofrece espacio a autores que, en esencia, parten de este marco psicoanalítico de hacer contacto y escuchar la subjetividad humana en su búsqueda por cartografías singulares de relaciones con el mundo. Autores que en varios números de la colección de la revista buscan descender a los infiernos, a los *upside down worlds* actuales, "los Acherontes", que no deben ser entendidos como los ríos que conducen a los infiernos judeocristianos, los inframundos, sino como aquello que perturba el suelo que buscamos normalizar para eludir el hecho de que, durante toda la vida, las cuestiones de las sexualidades y de género se nos imponen, en un continuo rehacerse.

El lector encontrará abundantes textos de analistas latinoamericanos que han estado dispuestos a escuchar y reflexionar sobre lo que la cultura y los movimientos sociales suscitan y convocan actualmente, lanzándose a la observación psicoanalítica y a su apuesta por ofrecer una recuperación o la construcción de una verdad subjetiva *posible y pasible* en cada uno de nosotros.

Son obras que tienen en cuenta el hecho de que las personas trans, no binarias, así como todas aquellas que se apartan de la norma, por revelar la alteridad radical de lo humano que hay en nosotros, acarrean hoy el impacto y la extrañeza, similar a lo que provocaron las mujeres y la concientización de la sexualidad infantil, estremeciendo el pacto social, en la época de Freud. El paradigma y los estudios de interseccionalidad que dialogan con las neosexualidades, o la búsqueda de sexualidades que hoy vemos presentes en nuestro trabajo clínico diario, nos convocan a entrar en contacto con los efectos que esta diversidad provoca en nuestros propios cuerpos erógenos en nuestra propia subjetividad.

Los autores de Calibán se han sumergido a fondo, cultivando el terreno fértil que nos ofrece la metapsicología para que, en su propio desarrollo, pueda nacer algo de su *reescritura* o *neoescritura*, siempre desde la clínica y su interacción con la cultura vigente. Eso nos permitirá tejer nuevas palabras, pensamientos y teorías que promuevan un pensamiento psicoanalítico que observe, piense y acompañe la riqueza de la aventura humana, que es el vivir y el existir en nuestras propias subjetividades.

Calibán Realidades y ficciones ll vol.12 (2)

Ralph Roughton, *Argumentación para la aceptación de analistas gays.*

Calibán Deconstruir/Transformar vol.16 (1)

Patricia Alkolombre, *Deconstrucciones y trasformaciones de la sexualidad: "Ella no es una mujer de verdad".*

Calibán Lo que no se sabe vol.14 (2)

Natalia Mirza Labraga, *El género de lo que no se sabe, "gender queer".*

Carlos Plastino, *Elementos para una antropología más allá del patriarcado.*

Calibán Femeninx vol. 17 (1)

Horacio Rotemberg, *Femenino-masculino: Una cuestión de identidad de género.*

Luis Campalans, *Sexualidad y diferencia.*

Calibán Transitoriedades/Incertezas vol. 20 (2)

Alberto Cabral, *Los estereotipos de género del analista y su incidencia en la cura.*

Calibán Erótica vol. 21 (1)

Todos los artículos de este número.

Adriana Varejão, América, 1996.

CONEXIÓN

FEPAL

#32

Diciembre 2023

REFLEXIONES SOBRE LA PAZ

Equipo editorial

Adriana Pontelli Directora de Publicaciones de Fepal
Psicoanalista de la Asociación Psicoanalítica de Córdoba (APC)

Alicia Ángeles Ramírez
Analista en formación de la Sociedad Peruana de Psicoanálisis (SPP)

Ana Valeska Maia Magalhães
Analista en formación de la Sociedad Psicoanalítica de Fortaleza (SPFOR)

Carolina García Editora en Jefe de Calibán
Psicoanalista de la Asociación Psicoanalítica del Uruguay (APU)

Lúcia Palazzo Directora Suplente de Publicaciones de la Fepal
Psicoanalista de la Sociedad Brasileña de Psicoanálisis de Río de Janeiro (SBPRJ)

Marina Massi Coordinadora Científica de Fepal
Psicoanalista de la Sociedad de Psicoanálisis de San Pablo (SBPSP)

Natalia Mudarra
Psicoanalista de la Asociación Panameña de Psicoanálisis (APAP)

Ximena Méndez
Analista en formación de la Asociación Psicoanalítica del Uruguay (APU)

Walter Eduardo Lisboa Traductor

Leo Mangiavacchi Diseñador gráfico / Diagramador

Imagen de portada Los Gigantes (2019) dibujo en formato digital, con color, textura y forma en tableta digital. Autor: Luis Gómez. Maestro de Artes Plásticas. Profesor de Dibujo y Pintura. Profesor de Dibujo y Escultura.

EDITORIAL

39. ¿Por qué la paz?

Adriana Pontelli

Este número sale a la luz entre un año que expira y un tiempo nuevo que se asoma. Las complejidades de una época convulsionada por las violencias de diversas índoles nos tocan y nos atraviesan de diferentes maneras; por eso, implicados en el contexto en el que nos toca vivir, elegimos para esta edición el título *Reflexiones sobre la paz*, en consonancia, además, con el último manifiesto que la Comisión Directiva y los Presidentes de las Sociedades y Asociaciones de Fepal publicaron el 9 de octubre de este año, con motivo de los ataques terroristas de Hamas. En el último párrafo de esta declaración, llamativamente fueron destacados con mayúsculas dos significantes:

Nos pronunciamos en defensa de la PAZ, la democracia, la soberanía de los pueblos y el respeto a las diferencias, en repudio a los discursos de odio que allanan el camino para los actos terroristas, para la guerra y la barbarie que atentan contra la dignidad de la persona humana.

La ética psicoanalítica nos llama al reconocimiento radical de la alteridad y de los lazos que promueven la VIDA.

Hace 90 años, a instancias del Instituto Internacional de Cooperación Intelectual, se publicó un intercambio epistolar entre Einstein y Freud titulado *¿Por qué la guerra?* El reconocido físico no solo propuso el tema sino también a su interlocutor, con la esperanza de que este, conocedor de la vida pulsional del hombre, pudiera iluminar el problema de los estragos de la guerra. Y si bien Freud (1933/1993, p. 195) no fue optimista, en su carta dejó dos pistas posibles para acotar algo del desborde de la pulsión de destrucción: "Todo cuanto establezca ligazones de sentimiento entre los hombres no podrá menos que ejercer un efecto contrario a la guerra" (p. 195), y "todo lo que promueva el desarrollo de la cultura trabaja también contra la guerra" (p. 198). En este sentido, por medio de esta convocatoria a escribir sobre la paz, deseamos, por un lado, favorecer los lazos a través de la circulación de ideas heterogéneas de diferentes autores latinoamericanos, y por el otro, propiciar que los psicoanalistas brindemos a la cultura un aporte, que contribuya a interrogar los acontecimientos actuales.

En la tapa presentamos la obra *Los Gigantes* de Luis Gómez, artista plástico cordobés. Invitamos a Luis para este número, por su arte testimonial, implicado desde hace muchos años en la defensa de la Memoria y de los Derechos Humanos. Cuando le contamos sobre el tema de este proyecto editorial, él nos ofreció una serie de dibujos, realizados entre los años 2019 al 2022 en formato digital (algunos de ellos con intervención de fotografías). El artista nos comentó que en esta serie aparece un personaje del pueblo originario Comechingón[1], que recorre el camino del Qhapq Ñan, y observa en su itinerario la destrucción de muchas culturas. Nos pareció muy interesante la mención a ese extenso camino prehispánico, utilizado por los incas como una vía de comunicación, intercambio e integración cultural. Esta ruta ancestral de 30.000 kilómetros de longitud atraviesa varios países latinoamericanos. Por eso consideramos muy oportuno proponer que, en esta edición especial, la sección *Intersecciones* sea una galería de obras que el lector pueda recorrer.

1 Los comechingones fueron habitantes originarios de las sierras cordobesas, en Argentina.

Tal como lo anticipamos, en la sección *Perspectivas* nueve textos de autores latinoamericanos, sin saberlo, han ido tejiendo – con hilos de diferentes colores y texturas – una trama de reflexiones sobre la paz.

Abrimos esta sección con *Malestar en la cultura, crecimiento emocional y fanatismo*, trabajo de Sérgio Lewkowicz, quien nos sugiere "pensar en un proceso de paz en términos de maduración emocional que permita un verdadero sentido de responsabilidad y empatía, tanto en el sentido individual como en el contexto social". A esta perspectiva se le suma la de Bernardo Tanis, desarrollada en *Y la paz, José...* Allí el autor toma como vector de análisis el narcisismo y la problemática identitaria, y propone como vía de abordaje "un trabajo permanente de cuestionamiento de perspectivas narcisistas, fundamentalistas, esencialistas, en busca de renuncias, acuerdos y construcciones colectivas (...) [respetando] mínimamente la tensión constitutiva, nunca eliminable, entre el yo y el otro". Resulta indispensable pensar lo subjetivo en articulación con lo social. "El psicoanálisis, si pretende sostener su operación de escucha, debe poder hacer una lectura trans-versa del malestar en el lazo social, con sus síntomas, sus silencios y sus violencias", nos señala Carolina García Maggi en su escrito *Lógicas del silencio y el olvido. Recortes para angustias en tiempo de guerra.*

Mariano Horenstein comenta: "La palabra paz me suena demasiado cercana a un terreno – el de las buenas intenciones – del que, como psicoanalista, desconfío". Su artículo *Pax freudiana* recupera el valor que Freud le dio al conflicto, subrayando que "en psicoanálisis [este] no es una anomalía ni algo a domar o reducir, sino en todo caso a poner a trabajar". Sin embargo, los desbordes de los conflictos, tal como están aconteciendo en Medio Oriente, pueden llevar a desencadenar hechos brutales, que empujen a reacciones igualmente crueles. Alberto Cabral, en su trabajo *Venganza y deshumanización del adversario: via regia a la barbarie,* nos advierte sobre el peligro de "ubicar fuera del lazo humano a los perpetradores de los crímenes que condenamos". Y propone "reconocer en el adversario un contrincante también humano, con quien habrá que encontrar los caminos razonables para dirimir conflictos" *¿La paz entre Israel y Palestina?* Para Andrés Gautier Hirsch es una tarea titánica, ya que una paz digna solo puede ser efecto de una convivencia leal, nacida del reconocimiento y respeto por el derecho de un pueblo a existir, en su alteridad radical.

La paz es peligrosa afirma de manera provocativa Thércio Andreatta Brasil en el título de su trabajo. Y redobla la apuesta al comentar que "sería mejor promover el ideal de la guerra". Sin embargo, la contundencia de esta frase encuentra otros matices, cuando el autor señala la importancia de sostener lo bélico en el plano simbólico de las palabras y las ideas, antes que "ceder a la comodidad inerme de una falsa estabilidad pacífica". En cambio, el planteo de Iván Gutiérrez, en su escrito *Reflexiones en busca de una Paz actual,* subraya la necesidad de salir de las fijaciones a polaridades dicotómicas buscando como alternativa el recurso de la terceridad.

Cerramos esta sección con el artículo de Fernando Orduz, *Haz el amor, no la guerra,* donde se condensan múltiples perspectivas. Una de ellas se vincula con la posibilidad de reanimar el erotismo como forma de obstaculizar la estupidez de la guerra, pero aún así, "una erótica paz (...) paulatinamente morirá entre los brazos de Tánatos".

Ximena Méndez, para la sección *Conversaciones,* invitó a dialogar sobre la paz a uno de nuestros referentes del psicoanálisis latinoamericano, Marcelo Viñar. Les recomendamos ver la entrevista y escuchar sus reflexiones, siempre de mucha vigencia.

En la sección *Marcadores de Calibán* Silvana Rea, primeramente, realiza un breve recorrido por la obra freudiana en un derrotero marcado por la pregunta "¿cuál sería la perspectiva de una paz duradera para la humanidad?", y luego nos invita a transitar un itinerario de artículos sobre el tema, publicados en nuestra Revista Latinoamericana de Psicoanálisis.

Deseamos que reciban este número de Conexión Fepal como un gesto de esperanza y de bienvenida al nuevo año, convencidos de la importancia de sostener, cada vez, espacios de construcción colectiva que consoliden los lazos sociales.

Referencias

Freud S. (1933/1993). "¿Por qué la guerra?" In *Obras Completas.* Vol. XXII. Amorrortu.

PERSPECTIVAS

40. Malestar en la cultura, crecimiento emocional y fanatismo

Sergio Lewkowicz

La obra clásica de Sigmund Freud: *El malestar en la cultura* (1930) cumplió 93 años de su publicación, y aún muestra toda su fuerza y actualidad. Este trabajo de Freud desarrolla muchas ideas que ya había formulado anteriormente, como en 1895, cuando dijo que el objetivo del psicoanálisis era transformar la miseria neurótica en sufrimiento común. En la misma línea, en *El malestar en la cultura*, él considera que los intentos de compensar la renuncia, que la cultura impone a las pulsiones – con el trabajo, la sublimación, el amor, el deleite estético, las sustancias tóxicas y la religión – están siempre condenados al fracaso. Por lo tanto, la eterna búsqueda de la felicidad tiene que ser confrontada con la realidad de que aquella es siempre incompleta, provisional e incluso ilusoria.

Con los avances en el conocimiento psicoanalítico post-freudiano, particularmente con los aportes de Melanie Klein, Bion y Winnicott, comprendemos mejor el funcionamiento de la mente humana y aprendemos cómo se procesa la maduración del individuo. De hecho, hoy sabemos que la madurez individual y el proceso de civilización son siempre provisionales, inestables, turbulentos, con progresiones y regresiones que ocurren al mismo tiempo (Morin, 1981, Green, 2002).

La maduración emocional es un proceso que implica un grado importante de sufrimiento psicológico. Para desarrollar nuestra *capacidad de pensar*, que es decisiva para nuestro crecimiento mental, necesitamos de un cierto grado de tolerancia a la frustración. Con el pensamiento, somos capaces de transformar el dolor en sufrimiento psíquico, lo que recuerda la afirmación de Freud de transformar el sufrimiento neurótico en sufrimiento común (Bion, 1962).

Tanto el desarrollo del individuo como el progreso de la civilización son procesos que requieren un esfuerzo continuo. Constantemente tenemos que enfrentarnos al dolor, que es inherente a la condición de vida, y existe en nosotros una tendencia a huir de este estado doloroso y de no tener que pasar por el difícil proceso de transformarlo en sufrimiento que pueda ser elaborado psíquicamente. En todos nosotros existe una presión para la "locura", es decir, para funcionar de una manera más regresiva, con estados mentales psicóticos y perversos, que incluso pueden llevarnos a un funcionamiento narcisista, con franca desconsideración por los demás.

La cultura puede facilitar o dificultar el crecimiento psíquico del individuo, en términos de sostén para hacer frente al dolor mental o, por el contrario, estimular su huida y negación.

Las transformaciones sociales y culturales que estamos viviendo en el siglo XXI, en las nuevas configuraciones familiares, en las nuevas presentaciones de la sexualidad y el género, en las nuevas formas de trabajo, en el avance de la tecnología que impacta las relaciones afectivas, en los cambios en la política y la economía – solo por nombrar algunas –, parecen provocar una sensación de inestabilidad y ansiedad ante lo nuevo, un sentimiento que Freud calificó de extraño, inquietante, y que parece estar conduciendo a un aumento de las soluciones simples, únicas. Una solución que nos lleve a la salvación, por ejemplo, siguiendo a un líder religioso o a un político mesiánico, llegando al extremo de usar la violencia y la guerra.

Amos Oz cree que después de la matanza de millones de seres humanos en el siglo XX por Hitler y Stalin, hubo un período de latencia del fanatismo. A la gente le daba vergüenza declararse racista o violenta. Sin embargo, esa especie de tregua parece haber llegado a su fin y está ocurriendo un aumento del fanatismo, como observamos en nuestro día a día. Además, según este autor, el problema no es discrepar, protestar y rebelarse, sino cómo las personas, que hacen las protestas, escuchan y toleran otras voces, o no escuchan y no toleran opiniones diferentes. En otras palabras, se trata de la certeza de sentirse el dueño de la verdad, de la única verdad.

Todo se puede definir de una manera maniquea, blanco y negro, malos y buenos, nosotros y ellos. Ellos necesitan ser convertidos a nuestra verdad, por las buenas o por las malas. A menudo se recurre a la intimidación, ya sea política, religiosa, de género, etc.

En nuestra cultura notamos una gran intolerancia al dolor, una fuerte intolerancia a la frustración. Estamos convencidos de que podemos y debemos ser absolutamente felices. La felicidad se basa en la búsqueda del placer total, puramente sensorial, combinado con una actitud de evitación total del dolor, una verdadera "cultura de la anestesia" (Mello Franco Filho, 2009).

En este aspecto, el psicoanálisis juega un papel fundamental, pues con su método de privilegiar la experiencia emocional entre el paciente y el terapeuta, ambos tienen que convivir con situaciones y momentos muy dolorosos, pero que son estructurantes para la mente de ambos. Esta condición, no obstante, coloca el psicoanálisis y la psicoterapia en la contracorriente de la contemporaneidad, en la contracorriente de una cultura de la anestesia.

El arte y la sensibilidad de los artistas me parecen una alternativa posible contra el pensamiento fanático. Como dice Sor, el pensamiento poético aniquila el pensamiento fanático, pero al usar la expresión aniquila, ¿no está siendo ya fanático o sería tan solo enfático? De hecho, la poesía tolera ambigüedades y paradojas, que son exactamente lo contrario del fanatismo.

Quizás podríamos decir que es precisamente la tensión entre el pensamiento poético y el pensamiento fanático lo que nos hace humanos.

Comprender la presencia del pensamiento fanático y de los prejuicios es una advertencia para la necesidad de estar siempre atentos a nuestros juicios y a nuestra forma de pensar, y de tratar de aceptar las diferencias en cualquier contexto (familiar, social, con los pacientes, en las instituciones).

Creo que solo podemos pensar en un proceso de paz en términos de maduración emocional que permita un verdadero sentido de responsabilidad y empatía, tanto en el sentido individual como en el contexto social. Tanto para la conquista de un cierto grado de paz interior, como para una sociedad más justa, igualitaria e inclusiva, en vista de una verdadera paz social.

Referencias

Bion, W, R. (1991). *O aprender com a experiência*. Imago.

Bion, W, R. (1970). *Atenção e interpretação*. Imago, 1973.

Freud, S. (1930/1976). O mal-estar na civilização. In *Edição Standard Brasileira das Obras Completas de Sigmund Freud*. v. 21. Imago.

Green, A. (2010). *El pensamiento clínico*. Amorrortu.

Mello Franco Filho, O. (2009). "A civilização do mal-estar pela não felicidade". *Revista Brasileira de Psicanálise*, v. 43, n. 2, p. 181-194.

Oz, A. (2015). *Como curar um fanático*. Companhia das Letras.

Sor, D. (1988). *Cambio catastrófico: psicoanálisis del darse cuenta*. Kargieman.

41. Y la paz, José...

Bernardo Tanis

La invitación de Fepal tiene como objetivo que cada uno de nosotros señale alguna perspectiva de pensamiento e indagación frente a las encrucijadas, los conflictos y las guerras, de hoy y de siempre. Elijo un vector marcado por el narcisismo y la problemática identitaria. Estos ejes nos afectan desde el campo geopolítico, desde las guerras, pasando por el vigoroso crecimiento de la ultraderecha en el mundo disfrazada de Liberalismo, la ceguera y el anacronismo de muchas de nuestras izquierdas, los fundamentalismos, las reivindicaciones identitarias que a veces adoptan formas autoritarias.

Hablar de identidad/alteridad no es solo hablar de la necesidad de autoafirmación y de reivindicaciones justas, sino también de la dimensión narcisista contemplada de manera absoluta en ciertas afirmaciones identitarias que llevan un mensaje de cancelación y/o eliminación del otro. Somos convocados como analistas a poner en jaque consignas, llamados como analistas y ciudadanos a abordar estos temas con valentía, tanto en la clínica como en nuestras instituciones y en la polis.

Por un lado, se nos invita a reflexionar sobre las formas actuales de sufrimiento psíquico que ponen en jaque el narcisismo, desde el ángulo del estatuto singular del otro y de la alteridad. La idea de traumas narcisistas-identitarios (Rousillon) también nos permite enriquecer la comprensión (teórico-clínica) de la dimensión intersubjetiva. Creo, como otros, que también debemos incluir una tercera dimensión, al lado de lo intrasubjetivo y de lo intersubjetivo: el espacio transubjetivo que contiene las representaciones del mundo exterior real, en sus dimensiones social, geopolítica y económica. Contexto en el que se despliegan las diferentes formas de nuevas subjetividades, así como la dimensión traumática como reverberación no metabolizada de los "acontecimientos" (Badieu / Puget).

Algunos puntos de partida para vectorizar el estudio teórico-clínico de la identidad, su relación con el narcisismo y los contextos culturales y sociopolíticos:

1. Se trata de hablar de la perplejidad y del impacto constitutivo del Yo que la desorganización social genera en nuestras formas de habitar el mundo, investigando las incertidumbres que ponen en cuestión los recursos teórico-epistemológicos de las diversas disciplinas, incluido el psicoanálisis, construido para entender los conflictos que se agravan.
2. En estos contextos, el tono paranoico suele ser dominante, aunque el tono depresivo también tenga una gran presencia. Lo diferente, lo otro, lo desconocido se vive como una amenaza. Amenaza una identidad narcisista unitaria, difícil de construir, y produce una "desorganización de los afectos" (esta expresión se la debo al sociólogo argentino Canclini).
3. Los análisis críticos de los conflictos interculturales, raciales, políticos y de la descolonización revelan la subordinación de la simbólica nacional a las redes de poder globalizadas, los medios de comunicación, las redes, las corporaciones, los intereses geopolíticos y económicos. Aquí ubicamos aspectos de lo transubjetivo.

Evidentemente, este brevísimo escrito pretende ser sólo un estímulo para el debate, centrado más en los dos primeros puntos, una búsqueda de diálogo e interlocución ante la perplejidad de los tiempos.

Recordemos al Freud de *Introducción al narcisismo* (1914), cuando sostiene que todos los problemas observados a nivel relacional tienen siempre un componente narcisista, afectando a la imagen del sujeto, provocando daños y heridas. Estas heridas causan sufrimiento psíquico, dolor, conmoción o traumas, producen respuestas, un intento de reparar y sanar los daños infligidos al narcisismo.

Se trata, por consiguiente, de una cuestión esencial para la constitución del sujeto, de la psicopatología de todas las épocas, dirá Rousillon, de todas las épocas y tal vez de todas las culturas, aunque adopte formas diferentes en cada cultura y contexto.

Por lo tanto, hay un entrelazamiento de ideales e identidades que reflejan la dimensión narcisista del sujeto.

La identidad (cultural, étnica, religiosa, de género, etc.) puede constituirse como un baluarte defensivo, su amenaza exigirá respuestas drásticas desde posiciones masoquistas, fallas en la capacidad de ser sujeto de la propia vida, de las propias emociones, sentimientos y decisiones hasta la violencia destructiva dirigida a la aniquilación del otro.

Nada tiene un efecto más regresivo para el individuo, para el grupo o para la civilización y la socialización y sus diversas formas instituyentes que revindicar una jerarquía de identidades y pertenencias, nos advierte Rudinesco, con quien estoy totalmente de acuerdo.

La utopía de la ausencia de conflicto entre el Yo y el Otro no deja de exponer permanentemente sus fracturas y defectos. El psicoanálisis freudiano mostró desde el mito fundacional de la cultura – *Tótem y tabú* y *El porvenir de una ilusión* – la necesidad de apoyo y la búsqueda de un pacto regulador de autoridad. Sin embargo, la figura patriarcal del Dios único ha llevado a lo largo de la historia a absolutizar verdades universales, y en su nombre se han sucedido las Cruzadas, la Inquisición y la Yihad como movimientos de *autoafirmación identitaria* por la fe absoluta en un Dios único como verdad universal que justificaría el exterminio y la eliminación del otro. La paz en este registro, en el que los intereses (políticos y económicos) se alinean a un imaginario narcisista, sólo se lograría a través de la uniformidad narcisista de la eliminación de la diferencia, del otro, y de la conversión a un solo ideal, a una sola fe.

En otro contexto, si bien Freud situó la fluidez y la diversidad de lo sexual a partir de los *Tres Ensayos*, ciertos caminos del pensamiento borraron la noción de diversidad y se apoyaron en posturas binarias como condición de acceso a lo simbólico mediadas por el significante fálico. Así, el no reconocimiento de este binarismo implicaría una perversión anclada en la idea de desmentida.

Cito también aquí las diferentes formas de racismo, que no pueden ser entendidas solo desde una perspectiva psicoanalítica, sino que también están ancladas en discriminaciones y prejuicios, basados en una lógica paranoica en relación con lo diferente.

Sabemos que el antisemitismo, el racismo hacia los negros, la gran discriminación y el odio a los pobres (la filósofa española Adela Cortina habla de "aporofobia: odio a los pobres"), todos sin excepción manifiestan aspectos de la paranoia que lo diferente representa. Así, las diferencias étnicas, sexuales o religiosas despiertan prejuicios, odio y agresión. Las guerras siempre han encontrado justificaciones imaginarias para enmascarar innumerables intereses.

De esta manera, hablar de la pulsión de muerte o destructividad debería siempre contemplar no solo el impulso (estaríamos en un campo reduccionista), sino la organización imaginaria y narcisista que le otorga un estatuto que supuestamente legitima la destrucción, el odio y la aniquilación del otro.

Y la paz, José... parafraseando "Y ahora, José..." del poeta brasileño Carlos Drummond de Andrade.

Tal vez "la paz" y "I have a dream..." estén ligados al trabajo permanente de cuestionamiento de perspectivas narcisistas, fundamentalistas, esencialistas, a la búsqueda de renuncias, acuerdos y construcciones colectivas en un juego permanente de deconstrucción y reconstrucción que respete mínimamente la tensión constitutiva, nunca eliminable, entre el yo y el otro.

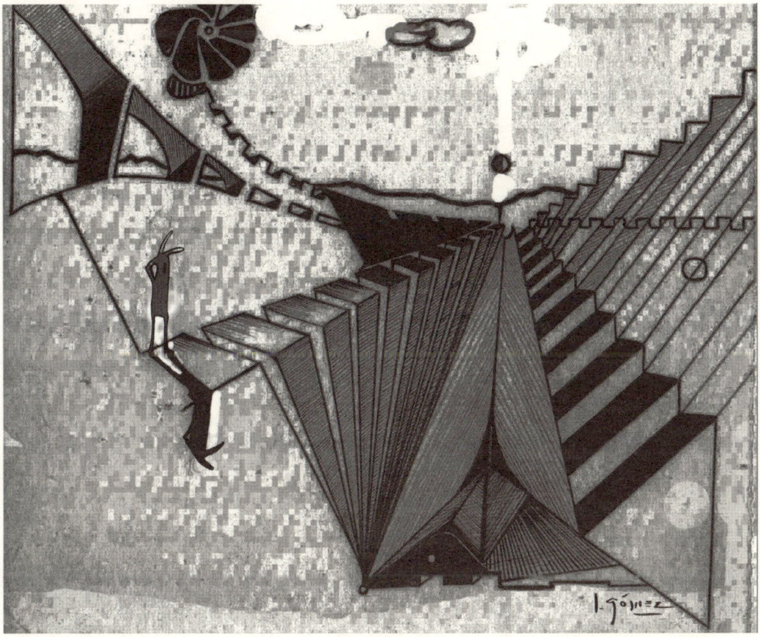

42. Lógicas del silencio y el olvido: recortes para angustias en tiempo de guerra

Carolina García Maggi

De niña la idea de llegar al cambio de milenio me producía un vértigo inquietante, como llegar a los confines del mundo; imaginaba eventos fantásticos o cataclismos siderales, de acuerdo al ánimo en que me encontraba; esas ensoñaciones futuristas hoy las comprendo en función de las circunstancias que tocaban mi vida personal y cercana. Como lo dejaba ver Winnicott el derrumbe temido es el que ya ha sucedido. En ese futuro a mis espaldas[1], la inflexión ya se había producido; la vida compartida con sus promesas se apagó un día que recuerdo bien. Era la década de los 70 en mi país, transformado en silencio; la vida intelectual, la efervescencia política, que absorbíamos por los poros, dieron paso al miedo, al horror y las ausencias. Nos quedamos sin posibilidades de futurabilidad, esa dolorosa situación donde se inmoviliza el tiempo. El pasado ya no es digno de ser evocado y el futuro, tiempo del deseo, se destituye, en un paradojal síntoma del tiempo.

Pensándolo ahora, no parecía probable que pudiéramos predecir el rumbo del milenio que habitamos, en esta quinta dimensión, de

1 Referencia al título del libro de Vittorio Gassman, *Un gran futuro a mis espaldas.*

la era digital, la hiperconectividad y la inteligencia de los algoritmos. Avances que no han desmerecido la ferocidad del neoliberalismo con su violencia estructural y sus modos de determinar cuáles vidas son dignas de ser vivibles. Tampoco las guerras.

El psicoanálisis, si pretende sostener su operación de escucha, debe poder hacer una lectura trans-versa[2] del malestar en el lazo social, con sus síntomas, sus silencios y sus violencias.

Así como en Londres Winnicott escribió desde su experiencia con niños deportados de la guerra, a Bion, la experiencia con soldados en el frente, le permitió pensar la vida grupal y la clínica de la psicosis. Se dice que llevaba en su reducido equipaje de aviador un libro de Klein. Poco tiempo antes, Freud iniciaba sus últimos años de exilio en Londres. Su *Moisés*, contemporáneo del ascenso del nazismo, lo retomó tres veces y lo terminó de escribir al instalarse en Inglaterra. Allí se preguntaba cómo una cultura, a pesar de su erradicación podía seguir transmitiéndose.

Como decía el artista Boltanski, la única manera de sobrevivir es transmitir, un modo de inscribirse en el lazo, en tanto contraviene a la deshistorización, o a la desimbolización que los dispositivos de dominación y desubjetivación ejercen.

No está de más agregar que la barbarie es parte de la cultura, y que las violencias genocidas que asolaron el siglo pasado fueron producto de la misma modernidad.

Sabemos que la diáspora psicoanalítica, causada por la persecución nazi, produjo una importante red de transferencias teóricas e intercambios que cruzaron el océano. En ese filo, donde el tejido colectivo se desgarra, se generan los impasses y también nuevos relevos epistemológicos.

---

2 No sería meta-versa, lo cual significaría que algo está dado, pronto, y hay que descubrirlo, en una concepción ontológica o esencialista de la verdad del sujeto, en lugar de producirlo.

Retomo aquí la inquietud freudiana sobre las posibilidades de la cultura de impedir su erradicación, o la transmisión que vincula entre sí a los hombres.

Por cierto, en nuestras latitudes el psicoanálisis latinoamericano ha ofrecido contribuciones pioneras, animando a repensar la neutralidad del analista ante el colapso de la vida democrática y los derechos ciudadanos. En estas décadas son muchos los estudios sobre la decolonialidad, y las consecuencias de los regímenes dictatoriales que asolaron el cono sur, obligando a nuevas lecturas del sujeto. Un psicoanálisis antiopresivo, capaz de producir pensamiento desde la condición subalterna y que abrigue en su escucha a los sujetos minorizados, aquellos sin derecho a la palabra y a nominar el sufrimiento en sus propios términos.

Entonces cuando se destruyen las garantías de la palabra, la pregunta sería ¿Cómo construir al otro al cual hablarle, ahí cuando el Otro no da garantías y puede tomar al sujeto como objeto de su goce más que sujeto de palabra? No se trata simplemente de erigir un sujeto de palabra, se trata de construir al Otro caído en su condición de garante y en la condición de donar la alteridad que nos sostiene. El reconocimiento de la otredad / del otro mediante la escucha, de lo inaudito. Lo que se trata de construir son las condiciones de audibilidad, o nuevos regímenes de audibilidad.

La complejidad es aún más grande, cuando se trata de escuchar lo que no se puede decir, tal como sucede en nuestra clínica. "Lo que no se puede decir, no se puede callar", como lo formula F. Davoine.[3]

Para los psicoanalistas, habituados a trabajar con la palabra, son momentos de vacilación, que exigen de esa ductilidad con lo inconsciente que no se aprende, ni es una experticia. En la doble imposibilidad de lo que no se puede ni decir, ni se puede callar – en este

3 Toma y modifica la conocida expresión de Wittgenstein: "Lo que no se puede decir, hay que callar".

oxímoron – se produce, sin embargo, una chance diferente, que es también el proceso de un análisis. El analista es testigo y objeto, en la transferencia, de una no-palabra, que muestra los confines del sufrimiento, la ruptura de la transmisión sobre las fallas del lazo social. Momentos en los que emerge la común medida entre locura, guerra y destructividad, en el fuego de lo Real.[4] En la experiencia traumática, en la pérdida de la experiencia (Benjamin), el sujeto de la palabra no estaba ahí; en tanto eclipse de la palabra, ninguna palabra fue dada para nombrar lo que ocurría. En el lazo analítico, el síntoma, o aquello que fue desalojado sin ser reprimido, encuentra a quien dirigirse, haciendo existir zonas de no existencia, que fueron suprimidas, con la oportunidad de hacer aparecer el sujeto.

Sabemos que tanto palabra como memoria son política, política del sujeto inscripto en lo social, en la vida en común, en el espacio "entre" los sujetos portadores del decir y del discurso.

Tenemos referencias en la antigua literatura y en la historia. Así en la tragedia de Edipo, el drama lo llevó a Colono, lugar sin historia. Por esas fechas, en que Sófocles escribió su *Edipo en Colono*, cerca del 406 a.C., Atenas promulgaba la primera ley de amnistía con su política de olvido. Colono era el lugar que no permitía ninguna mirada, ninguna voz, ninguna palabra.[5] En este lugar sin historia, en el margen silencioso de lo Real, fue donde Edipo desapareció.

En el 403 a.C. se conoció el primer decreto de amnistía ateniense, tras la derrota de Atenas en Peloponeso, que desató la guerra civil. Al recuperar el poder los demócratas, se promulgó una ley de amnistía. El decreto prohibía bajo pena de muerte "recordar las desgracias", esto es una política activa de amnesia. "Cuando se recuerdan desgracias,

---

4 Cf. F. Davoine. p. 151.

5 "Son cosas, extranjero, que no han tenido el honor de ser incluidas en la historia, sino que se ha aprendido a frecuentar" le dice el habitante a Edipo cuando llega a Colono.

siempre se las recuerda contra, se las reprocha, se ejercen represalias".[6] Según cuenta Aristóteles, uno de los que volvió a Atenas comenzó a recordar el pasado, y fue ejecutado. Un ejemplo para todos y así fue; cuando lo ejecutaron, ya nadie más recordó el pasado. Lo que hay que construir es el olvido, una disciplina del olvido, para lo cual se precisa detener la movilidad de la palabra e inmovilizar el tiempo.

La memoria no solo es de las desgracias, es también la del nombre de la libertad, "la memoria de su antigua libertad no los deja, no los puede dejar en paz".[7]

Frente a la erradicación de la memoria y de la transmisión lenguajera, el nombre de la libertad (dada en la multivocidad y equivocidad del mismo lenguaje) reaparece en los síntomas y las formaciones del inconsciente, como lo vemos en el trabajo con nuestros analizandos.

No hablamos de una memoria fáctica, ni de una verdad-origen que está dada y siempre allí, sino que estas son producidas en el proceso de habla, son un efecto del decir. Son trozos de verdad, una verdad parcial y singular, capaz de entrar en otras perspectivas.

Para B. Cassin la tarea de la regulación del odio a través del discurso se trata de la performatividad del lenguaje como medio de quitarle al odio su eternidad. Eternidad de la fijación y la inmovilidad del tiempo, el retorno al mismo lugar, a la identidad de lo mismo, cuando no hay deseo o amor que logre hacer marca al goce oscuro.

Freud encuentra un ejemplo en la literatura, en el personaje de Ricardo III, de Shakespeare. Ya que no puede amar, lo único que le resta es odiar.

---

6 Cf. Bárbara Cassin. p. 146.

7 Esta idea es tomada de Maquiavelo, quien advertía a aquel que desee ser el señor de una ciudad acostumbrada a vivir libre, sus habitantes no olvidarán nunca aquel nombre de libertad.

Referencias

Freud, S. (1937/2018). "Moisés y el monoteísmo". In *Obras completas.* Amorrortu.

Davoine, F. & Gaudilliere, Jean Marc (2004). *Historia y trauma. La locura de las guerras.* Fondo de Cultura Económica.

Lacan, J. (2012). "La psiquiatría inglesa y la guerra". In *Otros escritos.* Paidós.

Cassin, B. (2022). *Cómo hacer de verdad cosas con palabras. Homero, Gorgias y el pueblo Arco Iris.* El Cuenco de Plata.

43. Pax freudiana

Mariano Horenstein

Por alguna razón, me cuesta mucho urdir alguna idea a partir del significante con que se nos invita a escribir: *paz*.

Quizás, conjeturo, sea porque es una palabra ajena al psicoanálisis. El terreno de las buenas intenciones nunca es fértil en nuestra disciplina, habituada como está a convivir con las pasiones oscuras de la especie humana. Así, escribir sobre la *paz* se me revela algo forzado, tanto como si se me hubiera invitado a escribir sobre la *civilización* o la *felicidad*. La civilización – lo sabemos tanto por Walter Benjamin como por Freud – es apenas el reverso de la barbarie. Si la *Shoah* puso algo de manifiesto fue eso. Y la felicidad, sabemos también, es apenas el anverso afortunado del malestar.

En el mismo sentido, la *paz* tiene siempre, para nosotros, en su reverso al conflicto. En psicoanálisis el conflicto no es una anomalía ni algo a domar o reducir, sino en todo caso a poner a trabajar. En psicoanálisis el conflicto no está asociado a la patología, sino a la salud (otra palabra extraña a nuestro campo, donde la tajante diferencia entre salud y enfermedad se diluye también).

La palabra paz me suena demasiado cercana a un terreno – el de las buenas intenciones – del que, como psicoanalista, desconfío. Incluso la *pax romana*, esos doscientos años de relativa calma que vivió el Imperio que nos legara, junto a la tradición bíblica, una idea de la ley, se me aparece como contenida, ficticia, una paz sostenida a fuerza de represión.

Pero entonces, sin nada por escribir, una serie de recuerdos me asalta.

Londres, 2002. Edward Said, un intelectual palestino de fuste, admirador de Freud, dicta una conferencia llamada "Freud y los no europeos". Allí, siguiendo la pista de "Moisés y el monoteísmo", hace estallar cualquier idea de identidad coagulada. La conferencia debía haber sido pronunciada en el Freud Museum de Viena, pero fue cancelada por protestas, y finalmente tuvo lugar en el otro Freud Museum, en Londres, el lugar donde el fundador había recalado en su huida de los nazis.

En el verano europeo, pude escuchar a Daniel Baremboim – músico argentino e israelí – en Bebelplatz, dirigiendo a la Staatskapelle, que tocaba al aire libre ante una multitud feliz. En el centro de esa plaza, bajo una losa vidriada, se veía desde el nivel de la calle una pequeña sala subterránea con estanterías vacías, con capacidad para veinte mil libros que no estaban. Esa instalación recordaba que allí, cuando el nazismo se hacía con el poder en 1933, se habían quemado obras de Marx, de Zweig, de Brecht, de Freud. La instalación, obra del artista israelí Micha Ullman, intentaba figurar, como tantas otras, una de las formas de la ausencia.

El día de la quema – si creemos a Erich Kastner, uno de los autores sacrificados que observaba con espanto el aquelarre, confundido entre la multitud – llovía tan fuerte que las llamas se apagaban, y los bomberos debían echar gasolina sobre el fuego para que ardiera bien. Como en *Fahrenheit 451*, veinte años antes.

Junto a la instalación, en bronce está escrita una frase que Heine había acuñado más de un siglo antes, a propósito de la quema de libros bajo la Inquisición española: "Eso no fue más que un preludio; donde queman libros, en última instancia, también quemarán a la gente".

Algún lugar sobre el Atlántico, 2018. En la casual lotería del reparto de asientos en un avión, me toca compartir un viaje de vuelta a casa con una pareja de cineastas israelíes. Él se llama Avner, nació en un kibbutz, de padres asquenazíes y cariocas. Ella se llama Hagar, el nombre de la esclava con la que el patriarca Abraham habría gestado a Ismael, aun antes de que engendrara, con su esposa Sara, a Isaac. Los descendientes de Ismael son los árabes, los de Isaac los judíos, emparentados desde el origen. Hagar, ignoro por qué, tiene un apellido árabe junto a uno judío: *Shalom*.

Me contaron de su trabajo, filmando la vida de pastores palestinos y colonos israelíes en Cisjordania, intentando entender sus razones, sus diferencias, el derecho reclamado a vivir bajo el mismo cielo. Me doy cuenta de que toda su obra cinematográfica es un manifiesto por la paz. Viajan como cineastas, deberían hacerlo como embajadores.

Tel Aviv, 2022. No había estado nunca antes en Israel. Al llegar al aeropuerto Ben Gurion mi esposa, que no es judía, pasó los controles de seguridad sin problemas. En cambio yo, con evidente apellido judío estampado en mi pasaporte, fui demorado. El motivo fue que también tenía estampado allí un visado iraní. Pasé un mal rato, tuve que explicar largamente qué había ido a hacer a un lugar cuyos habitantes tienen prohibido pisar Israel, y que no admite israelíes en su territorio. Un país que tiene un reloj en una plaza que marca, en cuenta regresiva, el tiempo que resta para hacer desaparecer a Israel de la faz de la tierra.

Ese pequeño país me atrapó, en particular Tel Aviv, una ciudad vibrante y abierta al futuro como pocas, donde la intensidad de vivir solo podía entenderse a partir de la conciencia del peligro. El riesgo asumido, la certeza de que no hay certezas, animaba una vitalidad contagiosa entre sus jóvenes.

En Jerusalén en cambio, ciudad en constante disputa y cargada del peso de una historia milenaria, el clima era distinto. Veinte años atrás, fue allí que Daniel Baremboim, dirigiendo la misma orquesta alemana que había escuchado en Berlín, decidió de improviso agregar la música del antisemita Wagner a su programa, desencadenando un debate fogoso.

Teherán, 2014. Había recibido una invitación para un encuentro de psicoanálisis que se realizaría en Irán. Siendo judío, mi familia consideraba una locura aceptarla. Razones no le faltaban: Irán es un país que, pese a albergar una de las comunidades judías más antiguas, y pese a haber sido – en otro tiempo – uno de los primeros países del mundo en reconocer al Estado de Israel, brega por su desaparición.

Más intrigado que asustado, decidí viajar, y me encontré hablando bajo efigies gigantes de los ayatollahs, ante una audiencia joven, hospitalaria y entusiasta. Las mujeres, obligadas a usar *hijabs*, en cuanto podían se los sacaban para conversar con vivacidad. Hablé allí de muchas cosas, entre ellas del diván en el que todos nos reconocemos. Se trata de una palabra de origen persa, *diwan*, que significa encuentro. Al terminar la serie de conferencias, volví a hablar – junto a los otros conferencistas – y elegí hacerlo repitiendo el saludo con el cual los iraníes que había conocido me saludaban: *Salaam*.

Río de Janeiro, 2023. Escribo esto bajo el mismo cielo que habrán visto los padres de Avner Faingulernt al emigrar. Sigo sin aprehender la paz como un concepto afín al psicoanálisis, pero en el campo del deseo – ese sí un concepto nuclear en nuestro oficio – pensar en la paz sí se me hace posible.

La paz en tanto deseo. *Salaam, Shalom*, son modos de saludarse deseándose la paz. Árabes y judíos utilizan la misma palabra casi, de una homofonía sintomática.

Ante la tragedia, cuando hace tiempo ya que se quema gente y nos aferramos a los libros para entender algo, en días en que el terror arrecia y lo inimaginable se vuelve posible, los psicoanalistas podemos aportar quizás lucidez, y apostar también a un deseo.

Un deseo como el que anima a una pareja de cineastas a filmar la convivencia posible entre judíos y árabes. Un deseo como el que animó a dos amigos, Baremboim y Said, a fundar una orquesta compuesta de instrumentistas árabes y judíos para mostrar que podían hacer música juntos. Así nació la *West-Eastern Divan Orchestra*, un proyecto en el que me gusta mirarme.

El deseo en todo caso de una *pax freudiana*, reverso exacto de la romana, una paz desordenada y vivaz, una constitución de grupos que no se apuntale -como entreviera Freud y desarrollara Lacan – en la segregación de lo distinto y el racismo exponencial, sino que haga de ese otro, que encarna la diferencia, un objeto de curiosidad, la posibilidad de un enriquecimiento, incluso el objeto que nos cause. No la paz ataráxica donde se vacía el nervio deseante, no la paz como ideal de camposanto. No la *pax romana*. Sabemos en psicoanálisis la potencia del conflicto cuando logramos darle un cauce fértil.

No imaginamos aún lo interesante que puede ser una paz bulliciosa.

Los deseos, sabemos, son de cumplimiento imposible. Aun así...

44. Venganza y deshumanización del adversario: *via regia* a la barbarie

Alberto César Cabral

Los acontecimientos que se suceden en Medio Oriente nos sumen en un estado de dolor e indignación. Pero también de incredulidad. Desde esa imposibilidad de creer, insiste entre nosotros una misma pregunta: ¿cómo es posible que se sigan perpetrando crímenes y acciones tan violentos? ¿Cómo pueden no interponerse diques de empatía y conmiseración hacia el adversario y hacia la población civil? Yendo un poco más allá: ¿qué tipo de subjetividad es capaz de concretar tamaño despliegue de odio y de violencia?

Mi intención es poner el foco tan sólo en un aspecto, entre los muchos (geopolíticos, económicos, religiosos) que participan en la construcción de este escenario mortífero. Se trata del proceso de *deshumanización* del enemigo, que es entonces incluido en una categoría exceptuada de los diques que evocamos. Sólo despojando de la condición humana a sus víctimas, los integrantes de Hamas pudieron cometer las atrocidades (torturas, violaciones, decapitaciones) que nos espantan y condenamos.

A muchos nos espanta, también, que la respuesta del gobierno israelí reivindique el mismo fundamento. Es lo que transmitió su Ministro de Defensa, al anunciar primero y ejecutar después acciones de venganza sobre enemigos calificados de "animales". Y nos preocupa que la dolida declaración de la Sociedad de Psicoanálisis de Israel, ubique también "fuera del lazo humano" a los perpetradores de los crímenes que condenamos.

Es una posición que abre las puertas a lo peor. Por la rendija de la "animalización" del contrincante se colaron genocidios y matanzas. Y con la reivindicación del recurso a la venganza se fomenta la secuencia crimen-venganza-crimen, propia de lo que los griegos consideraban legalidad arcaica: "la sangre derramada pide ser vengada por nueva sangre" escribía Esquilo, anticipando el libreto que parecen actuar los protagonistas del conflicto.

Pero ¿creemos seriamente que – por caso – Hitler y el nazismo son fenómenos "no humanos"? Mi impresión es que es una creencia que participa de una idealización de "la humanidad", sostenida en la renegación de la "hipocresía cultural" con que Freud caracterizaba la eticidad del neurótico: frágil e inconsistente, sostenida en la represión... y por eso amenazada por las irrupciones de retornos del goce (fratricida), propios de su tercer tiempo.

Es una idealización que supone, además, la renuncia – como trabajadores de la cultura – a explicar los dinamismos "humanos, demasiado humanos" (Nietzsche) de algunas conductas de nuestros congéneres. Los declaramos "inhumanos" y renunciamos a explicarlos porque en el fondo nos angustian: nos recuerdan las atrocidades que también podemos perpetrar, autorizados incluso en los valores más nobles. Ya Freud alertaba – invocando el ejemplo de la Inquisición – que los ideales pueden constituir meras racionalizaciones, que legitimen los desbordes de goce más cruentos. Los excesos cometidos por todos los "ismos" en el siglo XX y lo que va del XXI lo verifican.

Aquello con que contamos, si no para impedir, al menos para hacer más difícil el deslizamiento a la barbarie, es el recurso a los diques más sólidos que brindan el "ennoblecimiento pulsional" y la construcción de esa "intolerancia" al goce de matar en la que Freud fundaba la convicción pacifista que compartía con Einstein. "Se puede ser virtuoso. por capricho", decía Camus, anunciando también una alternativa al recurso al ideal. Anticipaba la apuesta de Lacan: un "deseo inédito", despojado de adherencias de goce, puede constituir un fundamento más confiable (que la represión) para la acción ética.

La defensa más digna de una nación, de una fe o de un credo, será aquella que realce y preserve su rostro humano: entendido como la predisposición a reconocer en el adversario un contrincante también humano, con quien habrá que encontrar los caminos más razonables para dirimir conflictos. Y para que aun en el caso extremo de la confrontación bélica, esta pueda desplegarse en un marco regulado, que resguarde lo más posible a la población civil y a los prisioneros de guerra.

Es un indicador inquietante del retroceso cultural que vivimos, que estas expectativas resulten – para muchos – ilusorias o ingenuas. Sin embargo, somos también muchos los que aspiramos a que un divorcio no reedite el libreto de "La Guerra de los Roses", a que Guernica e Hiroshima no sean el destino inexorable de los conflictos entre Estados, y a que sea el "castigo *sin venganza*" (Lope de Vega) el que sancione el crimen, por cruento que este haya sido. Michal Halev dio cuenta de esta posición subjetiva al enterarse que su hijo había muerto a manos de Hamás: "Mi hijo fue asesinado y no quiero venganza".

La práctica analítica empuja en la dirección de estos desenlaces "virtuosos". Lo hace como ganancia colateral, al promover elaboraciones progresivas de goce y diques más sólidos frente a sus retornos.

Son dos recursos que participan del perfil subjetivo de ese "ateo consecuente" (Lacan) que entrega el fin de análisis. Curiosamente, aparecen fusionados en el Dios de un antiguo comentario rabínico. Lo evocó Mariano Horenstein al presentar mi libro sobre Lacan y la contratransferencia: "En el caso de que un justo persigue a un justo, Dios está del lado del perseguido; cuando un malvado persigue a un justo, Dios está del lado del perseguido; cuando un malvado persigue a un malvado, Dios está del lado del perseguido, y hasta cuando un justo persigue a un malvado, Dios está del lado del perseguido".

Con Mariano volvimos varias veces sobre este remate paradojal. Mi impresión es que dibuja una figura de Dios sugerente, de candente actualidad. Porque es obvio que cuando el malvado persigue al justo, Dios esté del lado del justo. Entendemos, también, que cuando el malvado persigue al malvado, o cuando el justo persigue al justo, Dios no se refugie en la neutralidad, y opte siempre por socorrer al perseguido.

Pero lo que sacude nuestra modorra moral y resulta desconcertante, es que cuando el justo persigue al malvado... ¡Dios sorprenda colocándose del lado del malvado! Se trata, indudablemente, de un Dios que ejercita su potencia para acotar los desbordes del goce vengativo que acechan toda persecución. Y que no se deja seducir por racionalizaciones que – invocando los más "justos" motivos – puedan encubrir las más feroces cazas de brujas.

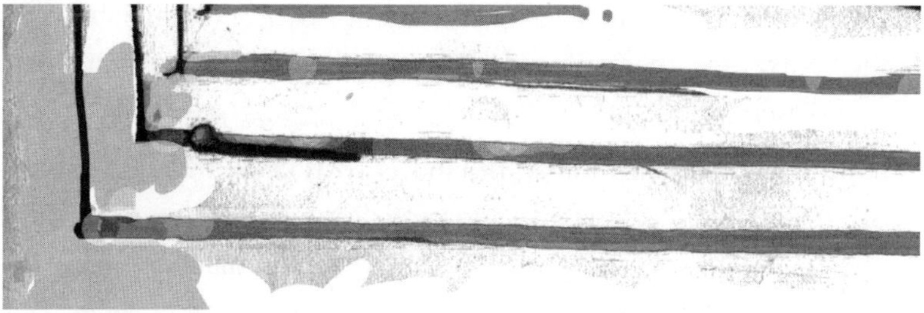

45. ¿La paz entre Israel y Palestina?

Andrés Gautier Hirsch

Bolivia, noviembre 2023.

Hablando con un pariente mío que vive en Israel, intercambiamos por correo electrónico sobre el ataque terrorista del Hamas y de la respuesta brutal de las Fuerzas Armadas de Israel que afectó toda la población palestina de Gaza. Él me habló del derecho moral del pueblo judío de existir y yo le respondí que igualmente el pueblo palestino tenía el derecho moral de existir. Con eso se terminó el dialogo respetuoso que tuvimos. El derecho de existir del pueblo palestino quedó sin respuesta.

El 28 de octubre el presidente del Estado de Israel, Benjamín Netanyahu, en su discurso, habló de "la guerra del humanismo" contra el Hamas, obviando al pueblo palestino, habló de "la guerra de la luz contra las tinieblas", como los Estados europeos que justificaban las guerras coloniales del siglo 19 diciendo aportar la civilización a los pueblos salvajes, primitivos, pero exterminando pueblos enteros. En el discurso de Netanyahu, el derecho de existir del pueblo palestino no era un tema. Y hasta la fecha en el ataque contra Gaza, habla de la lucha contra el Hamas y obvia hablar de la población palestina, como si no existiera.

No es ignorando un pueblo, negando su existencia, negando su identidad, aniquilándolo, que su memoria va a desaparecer. La experiencia de la Shoá nos lo ha mostrado. Annette Wieviorka comienza su obra *L'ère du témoin* con una declaración de Simon Dubnov a sus compañeros del gueto Riga, antes de ser asesinado el 8 de diciembre 1941: "¡Buena gente, no olviden; buena gente, cuenten; buena gente, escriban!".

Así como el pueblo judío tiene la Shoá, con todos sus efectos traumáticos transgeneracionales individuales y colectivos, el pueblo palestino tiene la Nakba con efectos similares. En el pueblo palestino el recuerdo de la Nakba está muy presente como la Shoá en el pueblo judío. La diferencia es que en el occidente se habla de la Shoá, pero se ignora la Nakba.

Durante siglos los judíos sefardíes y los mizrajíes (que el sociólogo israelí Yehuda Shenhav (2006) llama los "judíos árabes") han vivido en una coexistencia pacífica con los autóctonos de África del norte, en mayoría musulmanes, lo que no fue posible en toda la Europa cristiana plagada de historias de persecución, de pogromos, de inquisiciones y para concluir con el plan de exterminación de la Shoá. En este contexto uno se puede imaginar lo que representa concluir el Pésaj (Pascua judía) y el Yom Kippur (El día de la Expiación) con *L'Shana Haba'ah B'Yerushalayim* (El año próximo en Jerusalén). En situaciones de inseguridad y posibles rebrotes de antisemitismo, creer en una alternativa que simbolizaba una salvación, una liberación de la opresión, de la inseguridad existencial, la oración *L'Shana Haba'ah B'Yerushalayim* es un mensaje de esperanza, y a la vez portadora de una ilusión. Lo que la oración obvia es que la Jerusalén real, la tierra de Sion, tiene poblaciones enraizadas allí desde siglos, con sus culturas y sus tradiciones. Hasta hoy una parte de la población israelí no puede imaginarse que otros pueblos puedan tener el mismo derecho de vivir en esas mismas tierras. El anhelo de poder vivir "por fin" en una situación de seguridad entre los suyos, ese paraíso que les liberaría de la constante amenaza persecutoria, tiene sus efectos psicosociales de los cuales los políticos se aprovechan para justificar lo injustificable por parte del Estado de Israel contra Palestina.

El pueblo palestino, por su lado, después de siglos bajo el dominio Otomán, pasó a ser un protectorado inglés la primera mitad de siglo XX. Vivió durante siglos condiciones típicas de una sociedad colonizada oprimida y explotada, pero lo que ocurrió en 1948, nunca lo había vivido. Es lo que el pueblo palestino llamará la Nakba, es decir la "catástrofe".

Con la Resolución de las NNUU, el 29 de noviembre de 1947, se dividía el territorio palestino en dos Estados: uno judío y otro árabe, provocando una intensificación de la tensión de parte y otra. Los ataques a las colonias judías aumentaron, pero en abril 1948, la situación tomó un giro catastrófico que provocó la fuga de 750.000 palestinos del campo y de la ciudad.[1] El 9 de abril ocurrió la masacre de los habitantes de Deir Yasin[2], que, según Uri Avnery (1954), fue determinante en la reacción de pánico de la población árabe. Edward Said (1999) cuenta:

> *Más que otro, el evento que emerge de esa época oscura es Deir Yasin, las violaciones, niños degollados, mujeres destripadas... Necesite tiempo para entender el contexto y el verdadero significado de Deir Yasin. era parte de un plan de conjunto destinado a vaciar Palestina de su población árabe.*

---

1 En 1950, cuando UNRWA (Agencia de Naciones Unidas para los Refugiados de Palestina en el Oriente Próximo) comenzó sus operaciones, 750.000 personas tenían el estatus de refugiada de Palestina. Hoy, son más de 5,9 millones las que esperan dejar de serlo para convertirse en ciudadanos de pleno derecho.

2 Más de 100 árabes palestinos muertos.

La antropóloga Éléonore Bronstein (2018) opina en el mismo sentido: "No creo que el proyecto sionista tiene como objetivo exterminar a los palestinos. Creo más bien que la intención es de "despalestinizar" para que podamos vivir en paz entre nosotros". En 1948, 678 localidades palestinas fueron destrozadas por las Fuerzas Armadas de Israel y 22 localidades por las Fuerzas Armadas árabes (los palestinos no tenían ejército) (Kadma, 2015).

Frente a esta situación desoladora, ha habido siempre minorías judías que han tratado de reaccionar, de romper el silencio encubridor sobre la responsabilidad de Israel por la Nakba. Una de esas iniciativas es la organización israelí sin fines de lucro Zochrot (Ellas recuerdan), fundada en 2002, cuyo objetivo es promover la conciencia sobre la Nakba. El fundador, Eitan Bronstein, es de origen argentino. El lema: "Conmemorar, presenciar, reconocer y reparar". La acción fundadora fue plantar carteles en todos los lugares del país donde se encontraban los pueblos palestinos destrozados y organizar recorridos para judíos y árabes. La información de los mismos la ofrecían los refugiados y sus familias.

Como dice Edward Said (2018): "No he parado de pensar que no existe una solución militar al conflicto israelí-árabe y que la única esperanza reside en una coexistencia digna y leal". Él fue quien fundó, en 1999, con Daniel Barenboim la *West-East Divan Orchestra* que reúne músicos palestinos e israelíes.

Pero, mientras las potencias internacionales tengan otras intenciones y otros intereses, una paz digna será una tarea titánica.

Referencias

Avnery, U. (1954). "Les réfugiés arabes, obstacle a la paix en Palestine". *Le Monde*.

Kadman, N. (2015). *Erased from Space and Consciousness. Israel and the depopulated Palestinian Villages of 1948.* Indiana University Press.

Merza Bronstein, E. & Bronstein, E. (2018). Aparicio. *NAKBA - Pour la reconnaissance de la tragédie palestinienne en Israël.* Omniscience.

Said, Edward W. (1999). *Israel, Palestina - L'égalité ou rien.* La Fabrique, pp. 103-104.

Shenhav, Y. (2006). *The Arab Jews. A Postcolonial Reading of Nationalism, Religion and Ethnicity.* Standford University Press.

Wieviorka, A. (1998). *L'ère du témoin.* Plon.

46. La paz es peligrosa

Thércio Andreatta Brasil

Paz sustantivo femenino:

1. Relación entre personas que no están en conflicto; acuerdo, concordia.
2. Relación tranquila entre ciudadanos; ausencia de problemas.

Partiendo de esta definición común, la idea de paz es muy peligrosa para las personas, porque puede hacerles creer que lo mejor sería vivir sin conflictos, sin problemas, tranquilamente, en un mundo donde todos estuvieran de acuerdo en total comunión. Esto, como psicoanalistas, nos parece tan pueril, tan alejado de la realidad de los hechos y, sobre todo, tan alejado de la realidad psíquica (uno de los ejes del 35° Congreso de Fepal en 2024, además del fanatismo y la intolerancia).

La definición de paz descrita anteriormente, según el diccionario Oxford, es sinónimo de calma. Esa definición puede traer consigo el huevo de la serpiente: que se busque la paz a cualquier precio, que se la use para fanatismos. Paz, calma, inercia, ilusión, denegación, silencio, aislamiento, enfermedad, violencia, sumisión y mentira: pulsión de muerte. En ese caso, sería mejor promover el ideal de la guerra: movimiento, diplomacia, negociación, poesía, fuerza, vigor, compañerismo, integración, conexión y salud: pulsión de vida.

Según el poeta Paulo Leminski, donde hay guerra, hay fiesta. La poesía contemporánea, según él, asume el carácter de una trinchera de guerra. Leminski defiende el hecho de que la poesía se resiste al mundo mercadológico precisamente por ser un objeto sin utilidad práctica; de ahí su importancia. Llegar a un acuerdo con el *statu quo* es ceder a la comodidad inerme de una falsa estabilidad pacífica. Más aún para quienes viven en América Latina.

Estamos y hemos estado, al menos desde la reciente era colombiana, en guerra en América Latina. Es famosa una escena de un documental con el líder indígena Aílton Krenak, donde el camarógrafo blanco lo mira sonriente y aquél le objeta: "No sé por qué sonríes, si estamos en guerra". Baudelaire ya decía: "El mayor truco del diablo es persuadirte de que no existe", y por eso se cree que vivimos en armonía. Y aquí podemos decir sin temor a equivocarnos que por diablo nos referimos a la sociedad capitalista, como decía Ricardo Piglia: "La sociedad capitalista no es lo que ella dice que es. Cuando denuncia lo que se supone que funciona mal (la corrupción, el fraude, el delito político), está reforzando la idea de que se trata sólo de anomalías en una lógica que tiene la garantía de su propia autorregulación y de su visibilidad".

Aquellos que se beneficien de la ilusión de la paz se quedarán con el botín (el derecho de los vencedores a saquear a los vencidos). El mantenimiento de la ilusión de la paz pone en mayor riesgo a alguien que la conciencia de la necesidad de luchar. Y por eso la gente dice que se sorprende cuando hay una revuelta, una protesta, una huelga, un ataque de pánico, una "depresión sin causa aparente". La pérdida de la capacidad de comunicarse, el fracaso del diálogo, es una marca actual, a pesar de que este síntoma ha estado presente en la vida social durante los últimos cincuenta años, como signo de las políticas neoliberales.

Por eso, cuando la diplomacia fracasa, es decir, cuando no se logra mantener la convivencia en los conflictos, estalla la hiel de la violencia y la cobardía. En ese momento, fracasa la guerra de ideas, de palabras, se rompe la piel imaginaria. Todo el plano simbólico amenaza con desintegrarse, y lo que queda es la carne viva de lo real. Ahí es cuando el nudo en la garganta se convierte en una horca. Desde este punto de vista, el mantenimiento del diálogo, la aceptación de los conflictos, la convivencia en el desacuerdo es fundamental para la supervivencia y el crecimiento – creatividad en las experiencias con las diversidades y pluralidades. Esto es más que simple tolerancia (tolerar la existencia de la diferencia), es ni siquiera pensar que la diferencia no podría no ser aceptada.

Teniendo en cuenta esto, tiene mucho sentido que un pueblo designe a sus mejores representantes para la diplomacia (enviándolos a la guerra), los representantes-palabra de la nación. La élite de un pueblo son sus guerreras y sus guerreros. El mantenimiento de la guerra en el plano simbólico es condición para vivir. De esta manera, la inversión en el estudio de la filosofía y la poesía en las escuelas básicas proporciona más seguridad a la supervivencia de un pueblo que los pesados presupuestos militares (soldados todos uniformes – una única forma). Nada se parece más a un gobierno fascista que el fracaso diplomático, el fracaso político. Nada se parece más a una tragedia psíquica que una psicosis franca.

De modo que el psicoanálisis se encuentra en una trinchera nada fácil. Es necesario resistir a los impulsos puramente destructivos, donde no sólo la violencia, sino también el conformismo y la concordia, por inercia, ponen en peligro la capacidad de vivir feliz, la capacidad de amar, la capacidad de ser creativo. El respeto mutuo es la clave; escuchemos al poeta Mano Brown:

> *"Um rolê com os aliados já me faz feliz,*
> *respeito mútuo é a chave é o que eu sempre quis.*
> *Procure a sua, a minha eu vou atrás,*
> *até mais, da fórmula mágica da paz".*[1]

---

1 "Un paseo con los aliados ya me hace feliz, / respeto mutuo es la clave, es lo que siempre quise. / Busca la tuya, yo iré atrás de la mía, / de la fórmula mágica de la paz".

Feliz Año Nuevo, salud amor a toda la comunidad latinoamericana.

47. Reflexiones en búsqueda de una Paz actual

Iván Gutiérrez Cuadrado

Se me invita a reflexionar sobre la Paz, la cual puede definirse como un estado de equilibrio y estabilidad; tranquilidad mental de una persona o de la sociedad o también ausencia de guerra o violencia. Esta descripción dicotómica o binaria en relación a la presencia o ausencia de guerra o violencia me resulta problemática. Pero por supuesto desde la contextualidad puedo intentar reflexionar sobre la Paz. Y lo digo porque este contexto actual tiene como todos los momentos socio-históricos sus particularidades. Pensando solo en considerar los movimientos que se suceden en relación a las ciencias tanto sociales como naturales y formales – en su epistemología y sus posibilidades de modificación – merecen la ilustración y la mención de su especificidad. Con lo anterior me refiero a que las verdades de antes, tienen su origen y su punto de producción que las hacen particulares, pero ya no universales.

Considero que la tendencia a dejar de posicionar todo – el conocimiento, las teorías, la vida – alrededor del ser humano (propio de esta era del Antropoceno/Capitaloceno (Díaz, 2021) y, por supuesto, occidental, colonial y patriarcal) y voltear la mirada a lo "otro" es una importante particularidad. Y con "otro" quiero decir, otros sujetos, otras sexualidades, aquellos con la presencia de dispositivos tecnológicos (partes del cuerpo y construcciones con inteligencia artificial

– IA) que establecen relaciones de un tipo que requiere de la acuciosa e imperativa reflexión sobre nuestros parámetros y nuestras verdades, con la presencia de seres sintientes no humanos que hacen parte de las nuevas familias, como por decir algunos otros.

La presencia de las minorías como sujetos de ley y de derecho, lejos de la sutil homogenización del multiculturalismo, con todo su bagaje cultural posicionado como propuesta de conocimiento y comprensión del otro mundo en el que viven y que presentan como diferente, hace de este momento un momento particular. Desde las cosmogonías de los pueblos primitivos hasta las disidencias corporales queer, la reflexión sobre la Paz tiene que buscar una nueva forma de ser pensada, puesto que lo que debe cobijar es diferente y amplio.

Y es aquí donde pienso en algunos conceptos no tan nuevos como otros realmente novedosos. Inicialmente me parece necesario pensar en la solidaridad y la comunidad, luego, pensar en el bienestar, donde aparecen elementos novedosos como consumo ecológico o consumo responsable, descolonización y terceridad.

Me parece que si le diéramos voz a la Paz en este momento nos hablaría de una deseada comprensión de la alteridad y de la consideración de la producción de elementos novedosos como un tercero construido entre la occidentalidad hegemónica y las cosmovisiones de las minorías, y que parte de ese tercero pienso que debe estar impregnado de un gran sentido de comunidad y solidaridad que el neoliberalismo y capitalismo han arrebatado a los grupos humanos. Pero acudo al tercero porque no estoy considerando que todo lo anterior estuvo mal y ahora nosotros sí vamos a hacer las cosas bien. Lejos de ideas mesiánicas o de actitudes puras, absolutas o esencialistas. Acudo al contexto y parto de lo que tenemos. Este pasado inmediato nos tiene aquí, en este punto particular. El tercero entonces sería lo construido entre todos, teniendo en cuenta las particularidades del presente, donde la solidaridad en la comunidad consciente permite el bienestar de todos los que pertenecemos a ella. ¿Somos capaces de permitir que el otro también pertenezca?

¿Cómo elaborar nuestra tendencia destructiva y nuestro exceso narcisista – que no necesariamente son lo mismo –, y darle cabida a la terceridad o a la posibilidad de crear un tercero beneficioso para todos? Eso significaría que el bienestar tendría que de alguna manera estandarizarse. ¿Hacia cual bienestar? ¿Habrá alguna mujer que en su sentido de bienestar tendrá la preferencia por el uso de la burka sobre otras prendas de vestir? Porque desde otros lados, sí es posible que algunos sujetos prefieran una vida de producción artesanal y diaria a la producción en masa, como sucede con algunos habitantes de la Costa Pacífica de Colombia que prefieren que el "viche" – sustancia que usan como ritual y de entretenimiento, ancestral y con valor cultural – quede como tal, y no pretendan acoger inversionistas mayoritarios para establecer grandes empresas. Aunque algunos otros sí.

Entonces, me pregunto si estoy hablando del manejo de las pulsiones y las pasiones. ¿Modificar el consumo se relaciona con lo anterior? No estoy pensando en ir en contra del progreso tecnológico, si no en considerar el progreso junto con un consumo ecológico, descolonizado, justo con todos los seres y entidades intervinientes, coyunturales y presentes en las interacciones.

Y estaba en esto cuando por azar llega a mis manos otro tema: *El trabajo de lo negativo* de André Green. Encuentro un artículo de nombre "El trabajo de lo negativo" (2019) de una analista colombiana Cecilia Muñoz, que se basa en algunas de las obras y conceptos de André Green para pensar la guerra, los acuerdos de paz en Colombia del 2016, y los resultados del plebiscito sobre los acuerdos de paz.[1] Y ya sabemos el resultado. Los habitantes de esta nación, donde resido, votaron "No". La diferencia entre el "Sí" y "No" fue de 53.908 votos

1 El plebiscito planteó la pregunta: "¿Apoya usted el acuerdo final para poner fin al conflicto y construir una paz estable y duradera?"

(0.5%). Más de 6 millones de personas en el país no quisieron la Paz. Unos porque querían venganza, otros, justicia a su manera, otros, no perder sus ingresos, producto de la economía de la guerra, y otros, otras condiciones. Todo porque esas condiciones no convenían. Según Muñoz, hay un uso masivo de la negación, la desmentida y la forclusión; porque "hay una desaparición del yo bajo el objeto en los procesos de duelo, melancolía e identificación..." (Muñoz, p. 57), porque la pulsión de muerte, la desinvestidura, la desobjetalización y el aniquilamiento caen sobre los sujetos del encuentro (perpetradores y sometidos) y se actúa. Por eso, aun existiendo una Jurisdicción Especial para la Paz (JEP) que buscaba justicia, reparación y no repetición, no fue suficiente para querer la Paz.

Entonces, sí. Esta Paz que se puede pensar ahora debe ser diferente, cuando podamos pensar en un tercero, donde estas diferencias o alteridades confluyan en una posible tolerancia. ¿Cómo volver a fusionar lo negativo?

Y vuelvo a lo contextual. Al inicio de este escrito me acojo a lo contextual para observar la particularidad del momento histórico actual, pero olvido el momento histórico más cercano, el de mi país. Y pregunto si esto hace parte de la brecha entre las ciencias, el psicoanálisis de consultorio y los hechos sociales exteriores. ¿Es una negación? o ¿una desmentida? Porque ya no estamos en guerra. Tal vez la Paz esté detrás de la resolución de lo negativo que no hemos podido observar como un potencial constructivo si no solo como ausencia y destrucción.

Referencias

Araiza Díaz, Verónica. (2021). "Reinventar la naturaleza para hacernos cargo del Capitaloceno: la propuesta de Donna Haraway". *Andamias*, 18 (46), 413-441. Disponible en: https://revistas.unal.edu.co/index.ehp/jardin/article/view/76715/68927

Jurisdicción Especial para la Paz (JEP). Disponible en: https://www.jep.gov.co/ServicioAlCiudadano/Paginas/preguntas.aspx#:~:text=La%20principal%20finalidad%20de%20la,proceso%20judicial%20que %20se%20adelanta

Muñoz Vila, Cecilia. (2019). "El trabajo de lo negativo". *Desde el Jardín de Freud* 19: 57-66. Disponible en: https://revistas.unal.edu.co/index.ehp/jardin/article/view/76715/68927

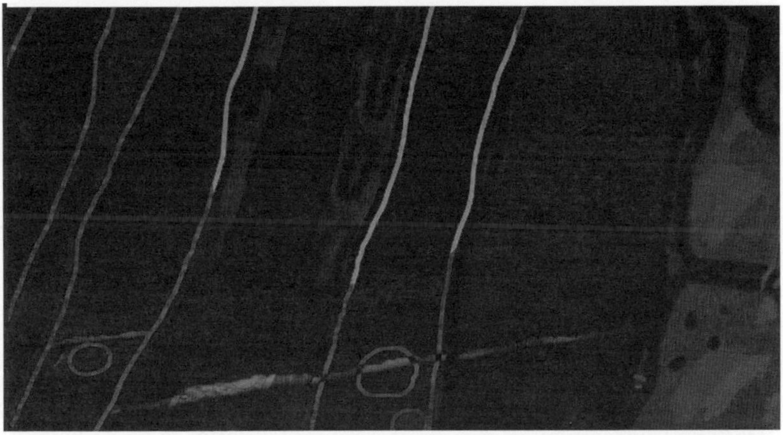

48. Haz el amor, no la guerra

Fernando Orduz

1.

Después de las escenas de masacres, los días siguientes, el ambiente pareciera estar gobernado por el silencio. Entre el aroma fétido de los cadáveres, entre los escombros de edificaciones averiadas, entre los retazos de seres y objetos mutilados, se siente reinar el mutismo pacificador perpetrado por ese sentimiento de temor y horror que deja la acción de Belona, la antigua diosa de la guerra que dejó su denominación (bélica) como señal de la capacidad destructiva del odio entre los hombres.

Tras la percepción de los efectos de la acción destructiva, los hombres deseamos antitéticamente la acción apaciguadora de un tiempo de paz; el refrán "Después de la tormenta viene la calma" seguramente es reflejo de los anhelos humanos, deseos de alientos de vida, acontecidos luego de las desgarradoras visiones de los carnavales de la muerte.

La paz pareciera ser el sueño anhelado que emerge del cansancio de los cuerpos tras la batalla. En los efímeros tiempos donde reina la paz, nos llenamos de imágenes y relatos del efecto devastador de la guerra, intentado persuadir a los espíritus sedientos de demostrar su fiereza y su fortaleza, que en el principio de la *civitas* humana no todo era fuerza homicida sobre el *frater*. Digo esto último pensando en dos escenas de nuestra cultura, el fratricidio de Caín y la imagen de la película 2001: *Odisea en el Espacio* (de Kubrick, sobre el libro de Arthur C. Clark), en la cual un homínido primate asesta un golpe mortal sobre la cabeza del congénere vencido.

Pareciera que todos los relatos fundacionales de nuestras culturas cercanas están llenos de historias de guerra: la *Ilíada*, el *Cid Campeador*, nuestras nacientes repúblicas americanas durante el siglo XVIII con sus guerras como signo de independencia. No sé si adoramos la revolución francesa, y sus ecos libertarios en diversos espacios y tiempos de nuestro continente, por la instauración de un Estado de derecho y justicia social o por la sed de historias que nos den muestra del valiente ardor de las almas de nuestros héroes independentistas. Adoramos a quienes portaron las armas, pero sabemos menos de quienes instituyeron los órdenes legales que permitieron ciertos momentos de paz.

¿Será que en principio era la guerra? ¿Será que la paz, es el sueño de un porvenir iluso en medio de los efectos devastadores de la guerra?

2.

Tótem y Tabú, esa mitología fundacional de la cultura desde la mirada psicoanalítica, es un relato donde se ubica al parricidio en el origen de la acción civilizadora. Matar al padre todopoderoso, incestuoso y tiránico, es la base para establecer un pacto fraterno, donde se le recuerde y honre a través del tótem. Entre otras cosas, paz y pacto tienen una raíz común. Hacer la paz es hacer un pacto, el pacto de no agresión.

En dicho pacto, para seguir con el hilo conductor del pensamiento de Freud, siempre se cede, se pierde algo. En la paz pierden las dos partes; en la guerra al menos una sale vencedora. En el pacto de la paz hay una renuncia a los ímpetus de grandeza, a los deseos megalomaníacos del ego o de la etnia reinante. Renuncias que reclamarán retornos en tiempos posteriores.

A propósito del texto freudiano cabría otra reflexión. ¿Sería la acción bélica la consecuencia de una posición fanática que pide restaurar la figura del padre único, como acontece en los credos religiosos monoteístas ¿Será que algo del culto a un dios y a una sola verdad, que incide en la constitución del fanatismo y la intolerancia a la diversidad, tiene como efecto la destrucción a aquel otro que irradia destellos de diferencia? ¿Será que una cosmovisión basada en esa idea de las múltiples caras de la verdad permitiría una convivencia más pacífica entre grupos, pueblos o vecinos que puedan aceptar la alteridad que el otro les refleja sin pretensiones de exterminio?

Dudo tanto de ello como de la posibilidad de que el dios único y masculino decida bajarse del pedestal desde el cual se alimenta de sacrificios humanos.

3.

Lo que sí me aventuro a resaltar es que, frente al significante bélico donde los machos representan el vigor viril de su existencia, las féminas han tenido una serie de suertes seductoras con las cuales han revertido la producción masiva de homicidios que los machos cabríos tienden a exhibir.

En *Lisístrata*, Aristófanes nos relata cómo las mujeres, cansadas de la ausencia de sus guerreros, que parecieran excitarse más con la sangre de otros hombres que con las mieles sexuales de sus cuerpos, decidieron hacer una huelga de vaginas para intentar que los machos belicosos retornaran a la paz del hogar. Hastiadas de que sus esposos e hijos hicieran la guerra, las mujeres se encerraron en la acrópolis controlando el tesoro de su sexo (y el económico), obligando así a los hombres a deponer las armas para entregarse a los embates eróticos del amor.

Algo parecido realizaron las sabinas, tras su rapto por los romanos. Años después para vengar la afrenta, los sabinos atacaron Roma y acorralaron a los secuestradores en el capitolio. Antes de la batalla final, las mujeres se interpusieron entre los dos bandos y les plantearon la difícil situación a la que se enfrentaban: si ganaban los sabinos, perdían a sus actuales esposos y a sus hijos; si ganaban los romanos, perdían a sus padres y hermanos. Estas mujeres lograron que los dos reyes, Tito y Rómulo, firmaran un pacto de paz, que duró hasta la muerte del rey sabino.

Milenios después, en 1967, en medio de los tantos resurgimientos de la estupidez de la guerra, un movimiento de jóvenes de todo tipo de género y color, en el centro del imperio occidental, ya no en silencio sino incitados por la algarabía erótica de la vida, corearon en un melódico y vociferante verano del amor All you need is love, como respuesta seductora al llamado letal de la desgarradora Belona. Una erótica paz que paulatinamente morirá entre los brazos de Tánatos.

CONVERSACIONES

49. Entrevista a Marcelo Viñar

Ximena Méndez

Marcelo Viñar, médico, psicoanalista, miembro de Honor de la APU, expresidente de Fepal y autor de múltiples artículos y libros.

En la ciudad de Montevideo, en la región sur de nuestra Latinoamérica, nos encontramos con Marcelo Viñar y lo invitamos a reflexionar sobre la paz.

En tiempos en los que el otro es visto en el lugar de un otro enemigo, ¿cómo pensar en un otro sostenedor, en un otro distinto con quien dialogar?

Marcelo nos propone tratar al otro diferente como distinto, buscando el diálogo, a fin de que, entre palabras, todo ocurra sin que nada ocurra, diferencia sustantiva con los estallidos de violencia que destrozan todo y a todos, provocando el derrumbe.

Los psicoanalistas latinoamericanos estamos involucrados en nuestra historia, desde la fundación de los pueblos nuevos, desde la conquista. Ante un mundo que nos ha dejado impotentes frente a imágenes de muerte, de fanatismos, de intolerancias y de caprichos del poder, Marcelo nos invita a hacer entre palabras, y seguir pensando el Psicoanálisis del tercer milenio.

Vea en el canal YouTube de Fepal.

Marcadores de Calibán

50. Paz

Silvana Rea

En 1932, tal vez esperanzado por la recién creada Liga de Naciones, Einstein le pregunta a Freud (1933/2020) si existiría alguna forma de liberar a la humanidad de la amenaza de la guerra y conquistar una paz duradera.

Décadas antes, en 1913, Freud (1913/2012) había afirmado que la vida en sociedad se organizaría a partir del asesinato del padre y la culpa resultante de este acto, lo que garantizaría la seguridad y el mantenimiento del proceso civilizatorio a través de un contrato social. La renuncia pulsional sería el origen de la sociedad, de sus leyes y la garantía del Estado civilizado.

Dos años después, durante la Primera Guerra Mundial, Freud (1915/2020) llegaría a desconfiar de la eficacia de la culpabilidad frente a la fuerza del conflicto bélico, que desnuda la precariedad de las normas morales colectivas y pone en primer plano la búsqueda de una satisfacción indiscutible. En este contexto, el Estado funciona como el padre primitivo, suspendiendo los mecanismos institucionales que hasta entonces habían sostenido la paz e incitando a la barbarie en lugar de prohibirla.

Y si en 1921 Freud (1921/2011) había afirmado que el desarrollo psíquico-cultural de los líderes sería un camino hacia la paz, en 1933 le respondió a Einstein que la solución violenta de los conflictos no desaparecería ni siquiera en una colectividad desarrollada, ya que los enfrentamientos entre las pulsiones de vida y muerte dejan un remanente que interfiere en los registros psíquicos y sociales, y que incluso ponen en riesgo el poder de la autoridad que mantiene la paz (actualmente las Naciones Unidas).

En este sentido, ¿cuál sería la perspectiva de una paz duradera para la humanidad?

Estas cuestiones serán abordadas en el número "Testimonio" por Yolanda Gampel, Daniel Delouya y Shifa Haq. También fueron abordadas en revistas anteriores, por eso aprovechamos para compartir algunos marcadores de lectura:

Calibán Márgenes vol. 13 (2)

Gladis Mabel Tripcevich. *Videla o la libertad en un dictador.*

Calibán Lo que no se sabe vol. 14 (2)

Edmundo Gómez Mango. *El terror político y la sesión analítica.*

Margareta Hargitay. *El espacio analítico como refugio para la pareja analítica ante la violencia urbana*

Richard Reichbart. *Turbulencias en los EEUU. El efecto Trump.*

Calibán Intimidad vol. 15 (1)

Néstor Carlisky, Rubén Zukerfeld y otros. *Efectos reparatorios de los juicios al terrorismo de Estado en Argentina*

Calibán Mal vol. 15 (2)

Marcelo Viñar. *Terror político y exilio-desexilio (sus marcas subjetivas)*

Luis Campalans. *Notas sobre Psicoanálisis y Humanismo*

Dominique Winterbredt. *Las Madres de Plaza de Mayo: Más allá del principio del placer*

Calibán Poder vol. 16 (2)

Laura Verissimo. *Es tiempo ahora de voces entre voces apoyadas.*

Calibán FemininX vol. 17 (1)

Claudia Andujar. *Huyendo de la Segunda Guerra Mundial: de Hungría a los Yanomani.*

Calibán Pasión vol. 17 (2)

Ezequiel Ipar. *Discursos del odio y mercado de la crueldad.*

Calibán Lo efímero vol. 18 (2)

Vladimir Safatle. *Mas allá de la necropolítica.*

Camila Jourdan 2020. *Distopía, necropolítica y revuelta*

Calibán Cómo haremos para vivir juntos vol. 20 (1)

Heli Morales. *Violencia a cielo abierto: feminicidio y crueldad*

Maurice Corcos. *¿Hacia dónde vamos?*

Alberto C Cabral. *El perdón y sus límites en una época de desbordes*

Referencias

Freud, S. (1913/2012). "Totem e tabu". In *Obras completas.* Vol. 11. Companhia das letras.

Freud, S. (1915/2020). "Considerações contemporáneas sobre guerra e morte". In *O mal-estar na cultura e outros escritos.* Auténtica.

Freud, S. (1921/2011). "Psicologia das massas e análise do eu". In *Obras completas*. Vol. 15. Companhia das letras.

Freud, S. (1933/ 2020). "Por que a guerra". In *O mal-estar na cultura e outros escritos*. Autêntica.

William Kentridge, Head, 1991.

Anexos

EFEMÉRIDES

51. Efemérides en un intento de resignificación

Cecilia Moia

Intentar conjugar la historia – concebida como ciencia social – y el psicoanálisis – como una revolución copernicana – podría constituirse en una conjunción incierta, forzada y hasta improductiva. Si el diccionario define historia como la "Disciplina que estudia, narra y expone cronológicamente los acontecimientos pasados", es decir, en un tiempo unidireccional del pasado al presente, me pregunto: ¿el sujeto crea la historia o es creado por ella? Utilizo ambiguamente la idea de sujeto tanto del psicoanálisis como al sujeto de la *HISTORIA* (el uso de la mayúscula y en negrita es intencional). Respondo con la voz de Clarice Lispector (2016): "Voy a crear lo que me ha acontecido" (p. 19).

Efeméride proviene del griego, que significa diario, y del latín, que significa calendario. Ahora bien, según la RAE, también define efemérides como aquellos sucesos notables escritos para ser recordados, en un determinado día, y responden a una sucesión cronológica de fechas con sus respectivos acontecimientos.

Desde estas definiciones concebir como psicoanalistas una sección llamada Efemérides sería solo hacer HISTORIA (con mayúsculas) al tiempo que estaríamos solo hablando de sujetos y hechos de "la *HISTORIA*", o más bien de sujetos y hechos sujetos a "la *HISTORIA*".

Conjuntamente con mis compañeras de equipo Carmen Maldonado y Lorena Polo, asumimos el desafío de pensar, de concebir a las efemérides como ese tiempo no lineal, esa revolución temporal que inventó Freud sobre todo en la noción del efecto retroactivo (*nachtraglich*). Por eso a través de las efemérides nos propusimos una producción de contenidos desde una perspectiva política que tuviese presente los Derechos Humanos, la pluralidad y la inclusión, y todo aquello que permita pensarnos como parte de un colectivo social a través de un tiempo histórico constituido por rupturas, cambios y también continuidades. Intentamos también hacerlo repensando algunas fechas claves, recuperando datos novedosos.

Fuimos historizando – intentamos crear, al modo de Lispector – lo que sucedió. Un día escuche a una docente que se preguntaba: ¿Cuál es la diferencia entre conmemorar y enseñar Ciencias Sociales? Su interrogante dejaba traslucir una tensión latente a la hora de tomar decisiones en el momento de enseñar a sus alumnos: ¿Qué tiempo le dedico a la enseñanza de las efemérides y a la organización de las conmemoraciones, y qué tiempo dedico a la enseñanza de las Ciencias Sociales? ¿Debo enseñar todos los años sobre la Revolución X? ¿Y sobre la Independencia? Si no enseño estos temas todos los años ¿estoy llevando adelante el Diseño Curricular? Si no enseño todos los años sobre la conquista de América ¿en qué años debo hacerlo? ¿Puedo organizar actividades de conmemoración que permitan sostener la enseñanza de los contenidos prescriptos?

Conmemorar, efemérides, diseño curricular, prescripciones, todas expresiones que evidentemente marcan tensiones a la hora de llevar adelante una de las profesiones imposibles: enseñar, según nos ha advertido Freud. La otra, psicoanalizar, conlleva en su seno también tensiones no resueltas, entre tantas podría decir, enseñanza y transmisión, lo reglamentario y lo singular y, por qué no, un debate entre historia e historicidad.

¿Por qué crearíamos efemérides en un espacio como publicaciones? ¿Solo para hacer historia? Así nos interrogaba Adriana Pontelli, Directora de Publicaciones. Todo surgió mucho antes de formar parte de este equipo. El día en que reparé que durante gran parte de mi infancia cada 12 de octubre se celebraba la conquista de América, hasta que en 1992 con la efeméride de ese V Centenario se reavivó el debate intelectual sobre el sentido y los frutos de la conquista, debate que no se había cerrado y que tal vez no se cierre nunca. La conquista es uno de los temas más polémicos de la era moderna y con frecuencia ha sido un motivo para que los hispanoamericanos, lo actualicemos de manera constante. Pero en donde quiero poner el acento es en un cambio de nominación a la hora de nombrar esa efeméride y más en particular ese 12 de octubre de 1992. Si bien la fecha recordaba "lo mismo" para ciertos sectores, para otros y a la luz de lo debates que se reavivaron, noté que muchos medios comenzaron a dejar de "celebrar una conquista" para empezar a "conmemorar un genocidio". De inmediato pensé en la potencia que produce la resignificación de los hechos al ser historizados y que, por efecto retroactivo, se devela que el cambio de nombre encierra – como en nuestra labor como analistas y analizantes – que el pasado no cambia, pero sí cómo se lo lee. Esta lectura no hace otra cosa que poner en evidencia la desmemoria de las instituciones y la negación por los crímenes perpetrados en nombre de la conquista. Historizar y resignificar produjo un desocultamiento de lo que se mantuvo invisibilizado durante siglos[1].

1 En algunos países se ha destacado el valor de la inmensa variedad de culturas que han contribuido a una identidad Latinoamericana. En *Argentina* se denomina "*Día del Respeto a la Diversidad Cultural*". En *México*, desde 2019 pasó a denominarse "*Día de la Nación Pluricultural*", en *Ecuador* se conmemora el "*Día de la Interculturalidad y de la Plurinacionalidad*". En *Costa Rica* es el "*Día de las Culturas*" y en *Uruguay* el "*Día de la Diversidad Cultural*". En *República Dominicana* "*Día de la Identidad y Diversidad Cultural*" y también "*Día del Encuentro entre dos Culturas*". Otros países, hacen hincapié en los pueblos indígenas. En *Venezuela* "*Día de la Resistencia Indígena*", y en *Nicaragua* el "*Día de la Resistencia Indígena,*

Por eso coincidimos con Lacan, quien expresa que "La historia no es el pasado. La historia es el pasado historizado en el presente" (Lacan, 1954, p. 21).

En un sentido más estricto, la historicidad implicará la interpretación de la temporalidad, que es la característica de los hechos ya sucedidos que ocurren en el transcurso del tiempo de los eventos pasados. Piera Aulagnier (1984) define la historización como un trabajo psíquico que necesita en "su funcionamiento situarse y anclar en una historia que sustituye un tiempo vivido-perdido por la versión que el sujeto se procura, merced a su reconstrucción de las causas que lo hicieron ser, que dan razón de su presente y hacen pensable e investible un eventual futuro" (p. 15).

De la mano de la noción de historicidad, invisibilización y desmemoria surgió la sección Voces silenciadas. A los silenciados, excluidos, discriminados por clase social, raza, credo, sexo, exilio, migración, edad, cuerpo les dimos la palabra.

Así nos pronunciamos cuando inauguramos la sección:

Negra y Popular". En *Bolivia* "*Día de la Descolonización*" y en *Perú* el "*Día de los Pueblos Originarios y del Diálogo Intercultural*". En *Estados Unidos*, se denomina "*Columbus day*". También a partir de 2021, el presidente Joe Biden proclamó "*Día Nacional de los Pueblos Indígenas*", para honrar "nuestra diversa historia y los pueblos indígenas que contribuyen a dar forma a esta nación". Se le da el nombre de "*Día del Encuentro de Dos Mundos*" tanto en *Chile* como en *Cuba*, pero en este último país no se realiza ningún tipo de acto, en cambio, se celebra el 10 de octubre por el inicio de la guerra de la independencia de ese país. En *Guatemala* y en *Panamá*, al igual que en *España*, se celebra el "*Día de la Hispanidad*". En *Paraguay*, *Colombia*, *Honduras* y *El Salvador* siguen refiriéndose al "*Día de la Raza*". En Brasil no se conmemora la llegada de Colón a América porque fue colonizado por la corona portuguesa. El 22 de abril de 1500, al mando de Pedro Álvares Cabral, las carabelas portuguesas llegaron por primera vez a las costas de *Brasil*. Ese día tiene el nombre de "Día del descubrimiento de Brasil". Actualmente, existen varios grupos de activistas indígenas que deconstruyen el "descubrimiento", para sacar a relucir la historia silenciada de la invasión y genocidio de los pueblos indígenas.

> *Persiste en cada uno de nosotros una memoria olvidada, singular y colectiva, que nos habita y que nos hace parte de aquellos que nos precedieron. Su desconocimiento no nos libra de dicha genealogía. La lengua lleva esas marcas de lo transindividual o transgeneracional. En ella se anudan la pertenencia social y lo singular de las palabras que nos hablaron.*
>
> *"Voces silenciadas" se llamará esta sección donde nos ocuparemos de esa memoria olvidada producto del silenciamiento. Será un intento de desafiar al silencio para darles la palabra a aquellas voces que fueron afectadas en forma individual o colectiva por el trauma, la cultura, la discriminación, la persecución e incluso por la historia del psicoanálisis. Sabemos que esas voces subsisten en la cultura, las leyendas, los mitos. Traerlas al aquí y ahora tiene el objetivo de que no desaparezcan en el olvido. De esta manera, planteamos preguntas que hacen historia en el psicoanálisis, intentando recuperar las voces de algunos, excluidos, exiliados, migrantes y discriminados. Los invitamos a escucharlas.*

A la idea de historización y resignificación le sumamos la memoria, pieza clave en nuestra práctica psicoanalítica. Partimos de la idea de una "memoria olvidada" como una suerte de oxímoro[2], por eso cuando subimos el anuncio a las redes, lo acompañamos con otro oxímoron a través del tema musical "los sonidos del silencio".[3]

---

2 Es una figura de la retórica en donde se combinan en una misma estructura sintáctica, de dos palabras o expresiones de significado opuesto que originan un nuevo sentido, como en un silencio atronador.

3 "The Sound of Silence" es una canción que popularizó el dúo estadounidense Simon & Garfunkel, escrita el 19 de febrero de 1964 por Paul Simon, tras el asesinato de John F. Kennedy.

El par recuerdo-olvido está en la obra de Freud desde el inicio hasta el final. Desde la amnesia – consecuencia de la conversión histérica – hasta 1936 en "Un trastorno de la memoria en la Acrópolis" (sufrido por el propio Freud y dedicado a su amigo Romain Rolland), sería vastísimo seguir el contenido que ese par representó. Solo una cita; en el apartado III del artículo "Pegan a un niño", (1919 / 2012), Freud es contundente: "En sentido estricto – ¿y por qué no lo tomaríamos con todo el rigor posible? – sólo merece el título de psicoanálisis correcto el empeño analítico que ha conseguido levantar la amnesia que oculta para el adulto el conocimiento de su vida infantil desde su comienzo mismo (...)" (p. 181).

Por su parte, Lacan afirma que la restitución del pasado ocupó siempre el primer plano en las preocupaciones de Freud a lo largo de toda su obra, y que el blanco hacia el que apuntan las vías de la técnica es, justamente, esta restitución del pasado.

Tras esta idea del trinomio memoria-olvido-trauma, Colette Soler (2009), siguiendo el sendero abierto por Freud, propone una ampliación del trauma sexual a lo que denomina los traumas de la civilización que, hoy más que nunca, toman potencia con los acontecimientos de la época. Dice: "Hay dos tipos de traumatizados. Están los sujetos, en tanto traumatizados de origen, ellos han olvidado y es el análisis el que permite quizá reconstruir, hacer volver algo, pero precisamente los traumatizados de la guerra, de los accidentes de ferrovía, etc., son caracterizados, como Freud lo dijo, por el olvido imposible" (p. 53).

Ese olvido imposible, por momentos soterrado, censurado, siempre retorna, en las voces silenciadas, en quienes intentamos darles la palabra o en los poetas, que siempre van un paso adelante nuestro. Y si de pasos se trata, María Elena Walsh, escritora argentina escribió en la década del 60' un sugestivo poema titulado "En el país del No me acuerdo".[4] Así dicen los versos de esta canción de un tiempo pretérito, más vigente que nunca.

En el país de no me acuerdo

Doy tres pasitos y me pierdo

Un pasito para allí, no recuerdo si lo di

Un pasito para allá, ay, qué miedo que me da

En el país de no me acuerdo

Doy tres pasitos y me pierdo

Un pasito para atrás y no doy ninguno más

Porque ya me olvidé dónde puse el otro pie

En el país de no me acuerdo

Doy tres pasitos y me pierdo

Hoy, cuando una inmensa mayoría de los latinoamericanos intenta mirar dónde pone un pie y donde pondrá el otro, desde el psicoanálisis seguiremos asumiendo que historicidad y memoria nacen de una misma preocupación y comparten el mismo objeto: la elaboración del pasado.

Referencias

Aulagnier, P. (1984). *El aprendiz de historiador y el maestro brujo. Del discurso identificante al discurso delirante.* Amorrortu.

4 "En el país del no me acuerdo" fue una de las músicas usadas en la película argentina "La Historia Oficial" - el primer largometraje latinoamericano en ganar un Oscar - cuya trama creó Aída Bortnik y que pone al descubierto el robo de niños y bebés durante la última dictadura cívico-militar en Argentina. Gabi, la nena protagonista de la cinta, canta dicha canción.

Freud, S. (1919 / 2012). "Pegan a un niño". In *Obras completas*. Vol. XVII. Amorrortu.

Lacan, J. (1953-1954/ 1981). "Los escritos técnicos de Freud". In *El seminario 1*. Paidós.

Lispector, C. (2016). *La pasión según G. H.* Siruela.

Soler, C. (2009). *De un Trauma al Otro*. Asociación Foro del Campo Lacaniano. Recuperado de https://www.aacademica.org/000-072/734.pdf

ENTREVISTAS Y PODCASTS: VOCES DE FEPAL

52. Tomar la voz en la construcción del psicoanálisis latinoamericano

Ximena Méndez

"La vida no es la que uno vivió, sino la que recuerda y cómo la recuerda para contarla"

G. García Márquez

La historia de Fepal, como todas las historias se encuentra en permanente reescritura, entrelazado de generaciones, lenguas en interacción, así como dialectos. En sus más de 40 años hemos transitado caminos trashumantes, por distintas latitudes, y enunciaciones con voces diversas. Voces en coincidencia, así como en discrepancia, tolerancias necesarias que contribuyen a la construcción de un colectivo plural. Signo y símbolo del mestizaje latinoamericano que nos caracteriza.

Desde el equipo de Publicaciones y Comunicación hemos intentado abrir espacios con propuestas pluritemáticas, que nos permitan, con la mayor amplitud posible, realizar una transmisión y divulgación del psicoanálisis latinoamericano en forma transversal, plural y abierta.

El trazado de las entrevistas y podcasts realizados marcan un recorrido, podríamos decir analítico, de las marcas en el quehacer de los psicoanalistas en los diferentes ámbitos en los que transitamos y participamos. Desarrollamos ciclos de entrevistas en Conexión Fepal de manera secuencial, y provocamos cortes disruptivos con los podcasts quincenales. Hemos recorrido por los diferentes escenarios en los que el oficio imposible del psicoanalista va intentando aportar alguna enunciación, dejar al menos un punto, así como la vía de apertura a otros sentidos posibles de los asuntos del sujeto y de la cultura. En la clínica, pero también en la comunidad, en el encuentro con otros. El Otro que va haciendo marca y nos transforma. En tal caso, podríamos decir que fuimos buscando dar lugar a quienes han tomado la voz, aquellos que se han pronunciado y entretejen al menos algún punto del pensamiento psicoanalítico latinoamericano contemporáneo.

Calibán 10 años

"Calibán-Revista Latinoamericana de Psicoanálisis implica tanto un gesto de invención como otro que honra la tradición de la Revista Latinoamericana"

M. Horenstein

Iniciamos el proyecto de entrevistas celebrando los 10 años de la revista Calibán. Así, en breves y ricos encuentros con sus tres editores en jefe – Mariano Horenstein, Raya Zonana, cerrando este primer ciclo con la actual editora en jefe Carolina García – fuimos recorriendo la prehistoria, la historia y el futuro de Calibán.

Calibán nos propone que cada analista escriba en su lengua materna, generando así el diálogo entre las distintas sociedades, países e idiomas. Una revista que muestra el pensamiento psicoanalítico latinoamericano, como movimiento antropofágico que implica tomar el conocimiento desde donde provenga, a fin de transformarlo. Mixtura que surge del encuentro con lo diverso en lo multicultural propio de

Latinoamérica (con sus pueblos originarios, indígenas, negros y esclavos que llegaron de África), mestizaje que fundó el movimiento antropofágico nacido en Brasil.

Cuidando estándares de calidad desde el diseño y el arte, de aquel Calibán balbuceante que se resiste a la lengua del amo, se ha ido construyendo una manera de pensar el psicoanálisis latinoamericano que atravesó a la Fepal promoviendo una lectura en tensión. Dice Mariano: "pensamos el futuro desde una apuesta deseante (...) que se completa con la intervención del lector y deja el cabo suelto que habilite nuevas construcciones posibles". Raya agregará el valor del trabajo en equipo, en tanto "antorcha que se mantiene encendida desde el trabajo de un colectivo, pues nada en Calibán se hace solo, se mantiene en movimiento y se transforma".

Calibán intenta mostrar lo mejor de nuestro pensamiento en movimiento. Carolina nos dice: "el psicoanálisis es una operación de lectura em transferencia, con textos, con el saber que suscite placer, así como en transferencia con otras disciplinas; hibridación entre texto e imagen que promueve un psicoanálisis en clave latinoamericana en lengua propia".

Diremos que Calibán es tan bella como inquietante, testigo y antorcha de la transformación del psicoanálisis latinoamericano. Es un gesto con consecuencias que crea a sus lectores, pues hemos sido testigos de que leer, intervenir y ser marcados por Calibán no es sin efectos.

En lengua viva: Fepal Hoy

En este ciclo hemos realizado entrevistas a los integrantes de la Comisión Directiva de Fepal, abordando temas que se han subrayado en la gestión del período. Intentando hilar los que entendemos son puntos, nudos centrales del psicoanálisis latinoamericano. Fuimos bordeando estas preguntas: ¿Cuál es el interés en ser parte de una Institución psicoanalítica latinoamericana en estos tiempos? ¿Con qué características y posibilidades se habita y participa en ella?

En la entrega inicial Wania Cidade, nos presenta los puntos nodales de la gestión, habla de psicoanálisis democrático y de abrir posibilidades de cambio, de la toma de un lugar político y participativo institucional. Ella nos dice: "Vivimos en un mundo desigual y hablamos de pensar en equidad; debemos generar medidas para crear equilibrios, para que, contemplando la diversidad, las personas tengan acceso".

En un mundo en el que crece la violencia, vemos los restos del colonialismo – que dejó una Latinoamérica empobrecida y despareja – así como las espinas del fascismo, que aún se traslucen en los discursos de odio. Pienso en "El incario y la conquista"[1] presentado en 1948 por O. Guayasamín, en el que muestra la dominación, la explotación y la miseria, que tal vez con otros ropajes, seguimos padeciendo en Latinoamérica hoy.

Tomando a Marina Massi: "lo científico del psicoanálisis está vinculado a las cuestiones sociales como democracia, racismo, intolerancia (…) y los psicoanalistas podemos estar más próximos, no solo a la población y comunidades más desfavorecidas, sino además a los distintos grupos de opinión dialogando con ellos".

Hablamos sobre el diálogo entre psicoanálisis y derechos humanos, nos preguntamos con Diana Zac: "¿cómo vemos los psicoanalistas los escenarios actuales en la comunidad? Apuntamos a que se pueda influenciar las políticas públicas que se desarrollan en la misma". Siendo así, precisamos lineamientos políticos institucionales con un posicionamiento frente al malestar en la cultura en nuestro tiempo.

Por su parte, Zoila Ortiz nos acerca una trama entre filosofía y psicoanálisis, hibridez que amplia y tensa los efectos que se observan

---

1 "El incario y la conquista" es un mural del artista ecuatoriano Oswaldo Guayasamín, que se encuentra en el palacio Benjamín Carrión, Quito.

en el trabajo con niños y adolescentes. Ella nos dice: "Vemos la reducción de la experiencia humana a la lógica de mercado y como afecta a las crianzas, así como a las funciones tanto materna como paterna".

María Pía Costa nos invita a reflexionar desde lo institucional en el Consejo Profesional, y la construcción de un espacio donde pensar en los psicoanalistas y el psicoanálisis ¿Quiénes somos? ¿Qué dificultades tenemos actualmente?

Todos estos temas, presentados en cada una de las entrevistas, han sido desarrollados en cada directoria, desde un posicionamiento institucional, político y profundamente latinoamericano.

Reflexiones sobre la Paz

En un número especial, en tiempos convulsionados de diversas guerras en el mundo, invitamos a Marcelo Viñar a reflexionar sobre la paz. Nos dice: "Los psicoanalistas latinoamericanos están involucrados en su historia desde sus orígenes, los pueblos originarios y las inequidades, proclives a estallidos de violencia" en Latinoamérica, el continente más desigual y con una pobreza creciente.

Hoy los temas públicos y sociales impregnan y atraviesan el entorno psicoanalítico en distintos niveles, tanto políticos como institucionales. Por esa razón ¿Cómo podríamos congeniar la neutralidad y la abstinencia cuando las situaciones sociales atraviesan el diván y el consultorio? Así, Marcelo nos invita a "impedir la distracción cortés" y sostiene una interrogación ¿Cómo es el psicoanálisis del tercer milenio? Ese es un asunto "que se coloca como desafío".

Diván Podcasts

Proyecto que continuando lo iniciado en la gestión anterior, profundiza en ésta, su segunda temporada, el dar voz a las distintas miradas y realidades que se viven en nuestra Latinoamérica.

¿En qué estamos trabajando los psicoanalistas latinoamericanos hoy? ¿Cuáles son las dificultades con las que nos encontramos en el consultorio y en la comunidad? ¿Qué producciones han surgido en nuestros entornos? ¿Qué nudos se resisten e insisten en nuestras sociedades?

En un camino con una suerte de intermitencia, entre las distintas zonas del continente, así como intereses de las distintas sociedades componentes de Fepal, y buscando un intercalado, de género, regiones, sociedades, generaciones de analistas y analistas en formación, hemos intentado alojar una amplia y diversa pluralidad de ideas y experiencias de los colegas, que remiten al psicoanálisis contemporáneo.

Entretejiendo un texto diverso, en el que se presentan y toman la voz colegas desde los más variados anclajes, conocimos algunos de los proyectos y temáticas en los que trabajan los psicoanalistas, por ejemplo: rostros de las masculinidades, psicosomática, Lúdica, Cracolandia, el trabajo con infancias y adolescencias, el proyecto Semillar, los trazos de un camino de amplitud multicultural de la mano del ILAP. Hibridez necesaria en el entrelazado con otras disciplinas como la literatura, las ciencias sociales, el arte.

Conversamos sobre los siguientes temas:

- Institucionalidad y la importancia de la participación en la construcción del pensamiento psicoanalítico latinoamericano.
- El racismo. Sonia Beatriz dos Santos nos dice: "Solo pensarlo y decirlo genera conflicto y las instituciones psicoanalíticas no están fuera de eso". Iván Gutiérrez acerca la idea de que "los prejuicios racistas que se silencian interfieren en nuestra escucha", y que los efectos de poner palabra, discutir, debatir y generar acciones políticas institucionales pueden

modificarlo. Así escuchamos proyectos de becas con acciones que tienden a buscar revertir las inequidades existentes.

- Migración y pueblos originarios. María del Carmen Cayupán nos habla de la necesidad de "una postura ética en el psicoanálisis latinoamericano, donde el mestizaje nos predispone a escuchar al otro desde una posición de desconocimiento y apertura".
- Ética, violencia, fanatismo e intolerancia. Nos preguntamos con Javier García Castiñeiras: "¿Qué nos lleva a que haya momentos de mayor fanatismo e intolerancia? ¿Y cuáles son los efectos en el campo simbólico de la extensión de la violencia, así como la respuesta violenta a la violencia?".

Así, en este telar que se va armando, sostenido por la voz, en tanto cuerpo, cada invitado habla en su propia lengua y poco a poco vamos logrando un intercambio en el que se entretejen las diversas voces que hacen y componen el mestizaje del psicoanálisis propiamente latinoamericano de la Fepal.

Para finalizar, diré que no podemos más que ser contemporáneos de nuestra propia época, nos toca tomar las líneas que han trazado nuestros pioneros al mismo tiempo que debemos traicionarlas en algún punto para seguir moviendo el pensamiento analítico.

La historia está en constante rescritura, se resignifica, y se inscribe en la escucha psicoanalítica de nuestra Latinoamérica, hoy toca a las generaciones que la escriben, tomar la voz. Al decir de Gilberto Koolhaas "encárese pues con su palabra estamos deseosos de escucharla" (1976, p. 165-166), y agrego, ya tocará a quienes vengan en el futuro sostenerla en movimiento de transformación y, por tanto, re escriturarla.

Referencias

Horenstein, M. (2012). "Invenção da Tradição". *Revista Calibán*. Vol. 10 (1).

Koolhaas, G. (1976). "Carta ao Editor". *Revista Uruguaia de Psicanálise*.

García Márquez, G. (2002). *Vivir para contarla*. Diana.

Sobre los autores

Adriana Pontelli

Licenciada en Letras Clásicas. Licenciada en Psicología. Magíster en Psicología Clínica. Psicoanalista. Miembro titular de la Asociación Psicoanalítica de Córdoba (APC). Coordinadora Científica de APC (2020 - 2022). Editora de la revista Calibán. Directora de Publicaciones de FEPAL (2022 - 2024).

Alberto César Cabral

Miembro en función didáctica de la Asociación Psicoanalítica de Argentina (APA). Ex-director del Instituto de Psicoanálisis de APA. Autor de "Cuestiones en Psicoanálisis" (Letra Viva, 2000), "Lacan y el debate sobre la cotratransferencia" (Letra Viva, 2009) y "El perdón y sus límites" (Teseo, 2020). Coautor de varios libros, entre ellos "Nuevos desarrollos en Transferencia y Contratransferencia" (APA-Lugar Editorial, 2022).

Alicia Ángeles Ramírez

Analista en formación de la Sociedad Peruana de Psicoanálisis (SPP). Integrante del Equipo de Publicaciones de Fepal.

Alicia Briseño

Psicoanalista Didáctica por la Sociedad Psicoanalítica de México (SPM). Coordinadora Suplente de Comunidad y Cultura de Fepal (2022-2024) y Editora por la Región Norte de Calibán.

Ana Valeska Maia Magalhães

Psicoanalista de la Sociedad Psicoanalítica de Fortaleza (SPFOR).

Andrés Gautier Hirsch

Doctor en Psicología de la Universidad de Zúrich (Suiza), Psicoterapeuta y Psicoanalista. Egresado del Instituto Latinoamericano de Psicoanálisis (ILAP). Miembro directo de IPA. Integrante del grupo de analistas que colaboran con las tareas de formación y difusión del ILAP Responsable del área socio-terapéutico del Instituto de Terapia e Investigación sobre las secuelas de la tortura y la violencia de Estado (ITEI) en Bolivia. Larga experiencia psicoanalítica en consulta privada, en cárceles (en Suiza y Bolivia) y en intervenciones en comunidades indígenas y situaciones de crisis (en Bolivia). Miembro del Comité Ejecutivo de la Sociedad Boliviana de Ciencias Forenses.

Bernardo Tanis

Psicoanalista. Miembro efectivo y ex presidente de la Sociedad Brasilera de Psicoanálisis de Sao Paulo (SBPSP) (2017-2020). Ex Director de Comunidad y Cultura de Fepal y Editor de la Revista Brasilera de Psicoanálisis. Autor entre otros libros de "Memorial y Temporalidad sobre lo infantil en psicoanálisis", organizador de "Roussillon en América Latina" y coautor con Magda Khouri de "Psicoanálisis en las tramas de la ciudad".

Camila Chaves

Escritora, autora de varios cuentos, entre ellos "Muñeca Rusa", publicado en la novena edición de Granta en Lengua Portuguesa. Psicoanalista en formación por el Corpo Freudiano Escola de Psicanálise – Seção Fortaleza y estudiante del Doctorado en Comunicación de la Universidad Federal de Ceará.

Carolina García Maggi

Psicoanalista de niños y adolescentes. Miembro asociado de la Asociación Psicoanalítica del Uruguay (APU). Editora en jefe de la Revista Latinoamericana de Psicoanálisis, Calibán.

Cecilia Moia

Psicoanalista. Miembro de la Asociación Psicoanalítica Argentina (APA). Integrante del Equipo de Publicaciones de Fepal (2022-2024).

Claudia Carneiro

Psicoanalista, miembro asociado de la Sociedad de Psicoanálisis de Brasilia y profesora del Instituto de Psicoanálisis Virginia Leone Bicudo de la SPBsb. Graduada en periodismo y psicología; máster y doctoranda en Psicología Clínica y de la Cultura por la Universidad de Brasilia (UnB). Fue fundadora y editora del Periódico de la Asociación Libre (SPBsb). Actualmente es editora de la sección Ciudades Invisibles de la Revista Calibán.

Diana Zac

Psicoanalista. Miembro de la Asociación Psicoanalítica de Buenos Aires (APdeBA). Directora de Comunidad y Cultura de Fepal. Segundo Premio en Campos Humanitarios de la IPA (2023).

Facundo Boccardi

Se dedica a la investigación, la docencia y la intervención en el campo de los estudios de género y sexualidades. Desde su práctica de investigación, ha abordado la formación docente en ESI desde una perspectiva sociosemiótica. Es Dr. en Semiótica (CEA-FCS-UNC), Lic. y Prof. en Letras Modernas (FFyH-UNC) y Lic. en Comunicación Social (FCC-UNC). Se desempeña como docente de grado y de posgrado en seminarios sobre género, sexualidades y teorías feministas.

Fernando Orduz

Psicoanalista. Miembro de la Sociedad Colombiana de Psicoanálisis (SOCOLPSI). Magister en Comunicación y Cultura (Universidad Javeriana). Expresidente SOCOLPSI 2012-2014. Expresidente de Fepal, 2014-2016.

Gabriela Levy

Psicoanalista, Miembro de la Asociación Psicoanalítica de Uruguay (APU), Editora de Calibán – Revista Latinoamericana de Psicoanálisis.

Graciela Cardó Soria

Psicoanalista. Presidenta de la Sociedad Peruana de Psicoanálisis. Co-Chair para Latinoamérica del Comité IPA de Mujeres y Psicoanálisis – COWAP.

Isabel Mansione

Psicoanalista. Miembro de la Asociación Psicoanalítica de Buenos Aires. Secretaria del Grupo de Estudios Psicoanalistas en la Comunidad. Segundo premio en Campos Humanitarios de la IPA (2023).

Iván Gutiérrez Cuadrado

Médico Psiquiatra y Psicoanalista, miembro titular de la Sociedad Colombiana de Psicoanálisis (SOCOLPSI), miembro del Subcomité de Género de la Asociación Colombiana de Psiquiatría, miembro de la Dirección de Comunidad y Cultura de Fepal, miembro de IPA. Coordinador de seminarios en el Instituto de Psicoanálisis de SOCOLPSI y autor de algunos artículos publicados en la Revista de la Sociedad Colombiana de Psicoanálisis y en Calibán.

José Galeano

Psicoanalista. Miembro de la Asociación psicoanalítica de Asunción (APdeA). Integrante del Equipo de la Coordinación Científica de Fepal 2022-2024. Miembro enlace de COWAP.

Julio Casillas Ledesma

Médico. Psicoanalista didacta. Exdirector del Instituto del Psicoanálisis de la Asociación Psicoanalítica Mexicana (APM). Actual Presidente de la APM.

Luciana Almada

Activista lesbiana y feminista pro-sexo. Trabaja en la Universidad Nacional de Córdoba como investigador*, docente y asistente técnic*. Trabaja como coordinador* y asesor* de proyectos para organizaciones sociales, actualmente para la Red por el reconocimiento del trabajo sexual de Argentina. Es Licenciad en Comunicación Social, doctorand* en Estudios de Género y está terminando de cursar una Especialización en Memorias colectivas, derechos humanos y resistencias. Es dispers* para la investigación, pero desde su práctica se interesa por las comunidades sexuales marginalizadas, la historia reciente, los archivos y los estudios sobre/del trabajo.

María Cristina Fulco

Psicoanalista, miembro de la Asociación Psicoanalítica del Uruguay (APU). Coordinadora Científica suplente de Fepal.

María del Carmen Cayupán

Médica egresada de UBA. Psicoanalista. Miembro de APA, de Fepal de APSA e IPA. Integrante del Equipo de la Dirección de Comunidad y Cultura de Fepal a cargo de Diana Zac y Alicia Briseño. Premio Fepal 2022 por el trabajo "Crisis sociales y neutralidades, el problema de los negacionismos".

María Luisa Silva

Psicoanalista Didacta de la Sociedad Peruana de Psicoanálisis (SPP).

Mariana Pombo

Psicoanalista y profesora de Psicología y posgrado en la Universidad Federal Rural de Río de Janeiro. Doctora en Teoría Psicoanalítica por la UFRJ, con pasantía en la Universidad Paris Diderot. Autora de "A diferença sexual em mutação: subversões queer e psicanalíticas" (Calligraphie, 2021).

Mariano Horenstein

Psicoanalista. Representante por Latinoamérica en el Board de IPA. Ex editor en jefe de Calibán-RLP. Miembro del grupo de investigación "Geografías del psicoanálisis". Autor de los libros: "Psicoanálisis en lengua menor"; "Brújula y diván. El psicoanálisis y su necesaria extranjería"; "Funambulistas. Travesía adolescente y riesgo" y "Conversaciones de diván".

Mónica Santolalla

Psicoanalista, miembro titular de la Asociación Psicoanalítica de Córdoba (APC) y actual presidenta. Especialista IPA en Psicoanálisis con Niños y Adolescentes. Docente titular del Instituto de Formación de la Asociación Psicoanalítica de Córdoba. Coordinadora de Niñez y Adolescencia de Fepal por el periodo 2016-2018.

Natalia Mirza Labraga

Psicoanalista de la Asociación Psicoanalítica del Uruguay (APU). Actual Directora Científica de APU (período 2023-2024). Docente Titular de la Maestría del Instituto de Formación de APU (IUPP). Ex integrante del Comité Ejecutivo de la Revista Calibán (Federación Psicoanalítica de América Latina – Fepal).

Natalia Mudarra

Psicólogo Clínico y Psicoanalista de Asociación Panameña de Psicoanálisis (APAP). Miembro titular de Psicólogos Sin Fronteras. Voluntaria y capacitadora en diversas fundaciones.

Paola Amendoeira

Psicóloga y psicoanalista. Miembro de la IPA, Fepal y FEBRAPSI. Copresidenta del Subcomité de la IPA ante las Naciones Unidas y miembro del Comité Directivo de la IPA. Psicoanalista de la Sociedad de Psicoanálisis de Brasilia (SPBsb) y miembro del cuerpo docente del Instituto Virgínia Leone Bicudo de la SPBsb. Editora de la Publicación "Associação Livre" editada por la SPBsb y miembro componente de la Comisión de Estudios Psicoanalíticos sobre Racismo y Prácticas Antirracistas de la Federación Brasileña de Psicoanálisis (FEBRAPSI).

Patricia Alkolombre

PhD. Psicoanalista. Miembro Titular de la Asociación Psicoanalítica Argentina (APA) y Presidenta del Comité Mujeres y Psicoanálisis de la IPA (COWAP).

Patricia Bohrer Pereira Leite

Psicoanalista, miembro de la Sociedad Brasilera de Psicoanálisis de San Pablo (SBPSP), Magíster en Psicología Clínica y Psicopatología (Universidad París V) y Especialista en Técnica de Salud Mental (Universidad París XIII).

Renato Nogera

Escritor. Doctor en Filosofía (Universidad Federal de Río de Janeiro). Profesor de la Universidad Federal Rural de Río de Janeiro (UFRRJ). Miembro del Laboratorio de Estudios Afrobrasileños e Indígenas de la UFRRJ.

Samantha Nigri

Psicoanalista. Miembro asociado de la Sociedad Brasileña de Psicoanálisis de Río de Janeiro (SBPRJ). Miembro del comité de coordinación del Programa de Radio "Perguntar e Pensar", una asociación entre la SBPRJ y Radio MEC/Brasil. Editora de la sección Bitácora de Calibán RLP.

Sergio Lewkowicz

Miembro efectivo y Analista Didáctico de la Sociedad Psicoanalítica de Porto Alegre (SPPA). Fue Presidente y Director del Instituto de Psicoanálisis, donde realizó regularmente seminarios. Fue Coordinador Científico de Fepal (Federación Psicoanalítica de América Latina) y del XXX Congreso Latinoamericano de Psicoanálisis celebrado en Buenos Aires en 2014. Fue miembro del Comité de Publicaciones de la API (2001-2009). Fue representante latinoamericano en el Consejo de Administración de la UIE (2015-2019). Es profesor y supervisor del curso de Psicoterapia psicoanalítica del Departamento de Psiquiatría de la UFRGS (Universidad Federal de Rio Grande do Sul). Es miembro de la Comisión de Estudios de Género y Diversidad Sexual de IPA. Actual Presidente Suplente de Fepal.

Silvana Rea

Psicoanalista. Miembro de la Sociedad Brasilera de Psicoanálisis de San Pablo (SBPSP).

Sonia Beatriz dos Santos

Analista en formación del Instituto de Formación Psicoanalítica de la Sociedad Brasileña de Psicoanálisis de Río de Janeiro (SBPRJ). Antropóloga, profesora asociada de la Facultad de Educación/Universidad Estatal de Río de Janeiro (UERJ).

Thércio Andreatta Brasil

Médico Psiquiatra y Psicoanalista. Presidente de la Organización de Candidatos de América Latina (OCAL). Miembro del Instituto de la Sociedad Brasilera de Psicoanálisis de Porto Alegre (SBPdePA). Profesor de Postgrado de Teoría Psicoanalítica, URI-RS (Universidad Regional Integrada).

Wania Maria Coelho Ferreira Cidade

Psicoanalista, miembro titular y ex presidenta de la Sociedad Brasileña de Psicoanálisis de Río de Janeiro (SBPRJ); fue directora de Comunidad y Cultura de la Federación Brasileña de Psicoanálisis (FEBRAPSI) (2020-2022), donde creó la Comisión de Psicoanálisis, Racismo y Prácticas Antirracistas para promover acciones de inclusión antirracista en las sociedades brasileñas de psicoanálisis. Es coordinadora de la Comisión de Estudios Críticos sobre Relaciones Raciales, Descolonización del Pensamiento y Racismo, en la SBPRJ, y actual presidenta de Fepal (Federación Psicoanalítica de América Latina, bienio 2022-2024).

Ximena Méndez

Licenciada en Psicología. Psicoanalista, miembro asociado de la Asociación Psicoanalítica del Uruguay (APU). Integrante de la Comisión Científica de APU. Integrante del Equipo de Publicaciones de Fepal.